KB075939

장자를

읽다

장자를
읽다

쓸모없음의 쓸모를 생각하는 법

양자오 지음 · 문현선 옮김

서문:
동양고전 읽는 법

1

2007년부터 2011년까지 5년간, 저는 민룽 강당敏隆講堂에서 '중국 역사 다시 보기'重新認識中國歷史 강좌를 개설하고 13기에 걸쳐 130강을 강의했습니다. 신석기에서 신해혁명까지 중국 역사를 죽 훑는 이 통사 강좌는 전통적인 해설을 벗어나 신사학 혁명新史學革命 ● 이후 지난 100여 년간 중국 역사 연구의 새롭고 중요한 발견과 해석을 소개하는 데 역점을 두었습니다. '중국 역사 다시 보기'라는 제목도 그래서 달았지요.

'중국 고전을 읽다' 시리즈는 원래 이 통사 강좌에 이어지

● 근대적인 방법론에 입각한 새로운 역사학

는 형식이어서 고전의 선별도 같은 취지로 역사적 관점에서 이루어졌습니다. 중국 역사를 다른 방식으로 한 번 더 강의하는 셈이지요.

저는 통사 강좌에서는 수천 년 중국 역사의 거대하고 유장한 흐름 가운데 제가 중요하다고 여기거나 소개할 만하며 함께 이야기할 만한 부분을 가려 뽑아 중국 역사를 보여 주려 했습니다. 반면 '중국 고전을 읽다'에서는 주관적인 선택과 판단을 줄여, 독자들이 직접 고전을 통해 중국 역사를 살피고 이해하게 되기를 바라고 있습니다.

오늘날의 일상 언어로 직접 수천 년 전 고전을 읽고 역사를 이해한다는 것은 매우 보기 드문 행운입니다. 현대 중국인은 2천여 년 전의 중국 문자를 번역 없이 읽을 수 있고, 정보의 대부분을 직관적으로 파악할 수 있으며, 조금만 더 시간을 들이면 보다 깊은 의미도 해석할 수 있습니다. 고대의 중국 문자와 오늘날 중국인이 일상에서 쓰는 문자 사이에는 분명하고도 강력한 연속성이 존재하지요. 현대 사회에서 통용되는 중국 문자의 기원은 대부분 거의 『시경』詩經과 『상서』尙書 시대까지 거슬러 올라가며, 그중 일부는 갑골문甲骨文이나 금문金文의 시대까지 소급됩니다. 문법에서도 꽤 차이가 있고 문자의 뜻이 완전히 일치하지는 않지만, 고대 중국 문자의 사용 규칙은 오늘날 쓰이는 문자와 대비해 보면 매우 쉽게 유추됩니다.

이는 인류 문명에서 매우 특이한 현상으로 사실상 세계 역사에서 또 다른 사례를 찾아보기 어렵습니다. 기원전 3천 년부터 오늘날에 이르기까지, 같은 기호와 같은 의미로 결합된 하나의 문자 체계가 5천 년 동안이나 끊이지 않고 이어져, 오늘날 문자의 사용 규칙대로 몇천 년 전의 문헌을 직접 읽을 수 있다니 대단하지요.

이처럼 고대부터 간단없이 이어진 중국 문자의 전통은 문명의 기본 형태를 결정짓는 데 상당한 영향을 주었습니다. 비록 중국 사회가 역사를 통해 이에 상응하는 대가를 치르기는 했지만, 이 전통 덕분에 지금 이 시대의 중국인은 매우 희소가치가 높은 능력을 얻었습니다. 이런 능력을 잘 이해하고 사용하지 않을 이유가 없지요.

2

　고전을 읽는 첫 번째 이유는 이런 것입니다. 중국 역사에
는 가장 기본적인 자료들이 있습니다. 이 누적된 자료를 선택
하고 해석하면서 역사의 다양한 서술 방식이 형성되었습니다.
중국 문자를 이해하고 그 역사에 관심이 있는 사람이라면 누
구나 역사의 다양한 서술 방식을 접하고 나서 그 기본적인 자
료들로 돌아갈 수 있습니다. 누구나 역사학자들이 어떻게 이
자료들을 멋지게 요리했는지 직접 살필 수 있고, 스스로 가장
기본적인 자료들을 들추며 서술의 옳고 그름을 따질 수 있는
것입니다.
　우리는『시경』이 어떤 책인지 소개하는 책을 읽고,『시경』

에서 뽑아낸 재료로 서주西周 사회의 모습을 재구성한 이야기를 듣기도 합니다. 그런데 이런 기초 위에서 『시경』을 읽으면 『시경』의 내용과 우리가 처음 상상한 것이 그다지 닮지 않았음을 알게 될지 모릅니다. 서주 사회에 대해 우리가 처음 품었던 인상과 『시경』이 보여 주는 실제 내용은 전혀 다를 수 있지요. 어쨌든 우리에게 무척 강렬한 독서의 즐거움을 안겨 줄 겁니다!

고전을 읽는 두 번째 이유는 그것이 현재와 다른 시공간에서 탄생했음에도, 인간의 보편적 경험과 감상을 반영한다는 데 있습니다. 오늘날에도 우리는 여전히 같은 인간이라는 입장에서 고전 속의 경험과 감상을 확인할 수 있고 느낄 수 있고 비교할 수 있습니다. 우리는 그 안에서 비슷한 경험과 감상을 발견하고, 시공간의 차이를 넘어 공감대를 형성할 수 있습니다. 그리고 다른 경험과 감상을 통해서는 우리 삶의 경험을 확장할 수도 있지요.

역사학 훈련에서 얻어진 습관과 편견으로 인해, 저는 고전을 읽을 때 오늘날 현실과는 전혀 다른 사실들이 던져 주는 지적 자극에 좀 더 흥미를 느낍니다. 역사는 우리에게 인류의 다양한 경험과 폭넓은 삶의 가능성을 보여 주고, 나아가 우리가 너무도 당연하게 여겼던 현실에 의문을 품고 도전하게 만들지요. 이 점이 바로 역사의 가장 근본적인 기능입니다. 또한 역사에 대한 학문이 존재하는 의의이자 다른 무엇과도 바꿀 수 없는 핵심 가치이기도 합니다.

3

　중국 사회가 수천 년 동안 이어진 문자 전통 때문에 상응하는 대가를 치렀다는 사실은 앞서도 언급한 바 있습니다. 그중 하나는 이 연속성이 역사를 바라보는 중국의 전통 관점에 영향을 끼쳤다는 점입니다. 끊이지 않고 줄곧 이어진 문자 체계 때문에, 중국인은 조상이나 옛사람을 지극히 가깝게 여기고 친밀하게 느낍니다. 그래서 중국에서는 역사학이 과거에 발생한 어떤 사건을 연구하는 독립적인 학문이었던 적이 없습니다. 역사와 현실 사이의 명확한 경계가 인식되지 않고 떼려야 뗄 수 없는 연속체처럼 여겨지는 것이죠.

우리는 삶의 현실에서 도움을 얻고자 역사를 공부합니다. 그런 까닭에, 중국에서는 나중에 생겨난 관념과 사고가 끊임없이 역사 서술에 영향을 끼치고 역사적 판단에 스며들었습니다. 한 가지 심각한 문제는 이 전통 속에서 사람들이 늘 현실적인 고려에 따라, 현실이 필요로 하는 방식으로 역사를 다시 써 왔다는 사실입니다. 시간이 흐르면서 서로 다른 현실적 고려가 겹겹이 역사 위에 쌓여 왔지요. 특히 고전에 대한 전통적인 해석들이 그 위로 두텁게 덧쌓였습니다. 따라서 우리는 갖가지 방식을 동원해 덧쌓인 해석들을 한 풀 한 풀 벗겨 내고 비교적 순수한 맨 처음 정보를 보려고 노력해야 합니다. 그런 뒤에야 『시경』을 통해 2천 년 전 또는 2천 5백 년 전 중국 사회의 어떤 모습이나 그 사람들의 심리를 참으로 이해했다고 할 수 있습니다. 또한 주周나라 당시의 정치 구조 안에서 『상서』가 표현하는 봉건 체제를 이해하며, 황제 통치가 확립된 진秦나라와 한漢나라 이후의 가치 관념으로 『상서』를 왜곡하는 일이 없을 것입니다.

'중국 고전을 읽다' 시리즈에서 저는 이 고전들을 '전통' 독법대로 해석하지 않을 생각입니다. 전통적으로 당연시해 온 독법은 특히 면밀한 검증과 토의를 필요로 합니다. 도대체 고전 원문에서 비롯된 해석인지, 아니면 후대의 서로 다른 시기에 서로 다른 현실적 요구에 따랐기에 그때는 '유용'했으나 고전 자체에서는 멀어진 해석인지 말이지요.

고전을 원래의 태어난 역사 배경에 돌려놓고 그 시대의 보편 관점을 무시하지 않는 것은 이 시리즈의 중요한 전제입니다. '역사적 독법'을 위한 '조작적 정의'● 라고도 할 수 있겠습니다.

우리는 '역사적 독법'의 기초 위에서 비로소 '문학적 독법'으로 나가는 다음 단계를 밟을 수 있습니다. 먼저 이 고전들은

●사물 또는 현상을 객관적이고 경험적으로 기술하기 위한 정의

오늘날의 우리를 위해 쓰인 것이 아니라, 그것들이 태어난 시대에 우리와 매우 다른 삶을 살았던 옛사람들이 쓴 것입니다. 그러므로 우리는 자기중심적인 태도와 자만심을 버리고, 잠들어 있는 보편된 인성을 일깨우며 다른 삶의 조건 속으로 들어가, 그들이 남긴 모든 것에 가까이 다가서야 합니다.

이 과정에서 우리는 자신의 감성과 지성을 일깨움으로써, 전혀 알 수 없었던 다른 삶의 환경을 이해하고, 내면에 존재했지만 미처 몰랐던 풍요로운 감정을 느끼게 될 것입니다. 저는 후자 쪽이 훨씬 더 중요하다고 봅니다. 우리 삶의 현실이 제공해 줄 수 없는 경험은 이처럼 문자로 남아 있다가 아득히 먼 시공의 역사를 뚫고 나와 우리와 대화하며 새롭고 강렬한 자극을 던져 줍니다.

고전이 태어났던 전혀 다른 시공간의 차이를 인정함으로써, 우리는 어떤 감정과 감동을 느끼고 일종의 기적을 맛보게 될 것입니다. 그 순간 우리는 현실적 고려에 의해 역사를 단편적으로 취하는 태도를 버리고, 역사를 관통하는 인류 보편의 조건과 역사와 보편 사이의 접점을 발견하며, 인간의 본성과 감정에 대한 더 넓고 깊은 인식으로 나아갈 수 있습니다.

4

'중국 고전을 읽다' 시리즈는 중요한 고전을 찾아 그 책의 몇 단락을 추린 다음 꼼꼼하게 읽는 방법을 취하고 있습니다. 이를 기초로 고전 전체의 기본 틀을 드러내고, 책과 그것이 탄생한 시대의 관계를 설명하려 합니다.

오늘날 전해지는 중국 고전의 규모는 참으로 어마어마해서 모든 고전을 처음부터 끝까지 다 읽는 것은 불가능합니다. 그래서 저는 고전 가운데 독자들이 쉽게 공감할 만한 내용을 고르는 한편, 가장 이질적인 정보를 전달할 수 있는 내용을 선택함으로써 독자들이 시공간을 뛰어넘는 신선하고 신기한 경험을 얻을 수 있도록 노력했습니다. 저는 첫 번째 방법으로 다음과 같은 효과를 기대합니다. "오! 저자의 말이 정말 그럴듯한데?" 두 번째 방법으로는 다음과 같은 반응을 바랍니다. "어? 이런 생각을 하는 사람이 다 있네!"

고전을 읽고 해석할 때 생각해야 할 몇 가지 기본 문제가 있습니다. 이 작품은 어느 시대, 어떤 환경에서 태어났을까? 당시의 독자들은 이 작품을 어떻게 읽고 받아들였을까? 왜 이런 내용이 고전이라 불리면서 오랫동안 변함없이 전해졌을까? 이 작품이 지닌 힘은 다른 문헌이나 사건, 사상 등에 어떤 영향을 끼쳤을까? 앞선 고전과 뒤따르는 고전 사이에는 어떤 관계가 있을까?

이 질문들은 어떤 고전 판본을 고를지 결정하는 기준이 되기도 합니다. 첫 번째 원칙은 가장 기원이 되며 본연에 가까운 판본을 고르는 것입니다. 역사와 선례를 중시하고 강조하는 전통 문화 가치에 따라, 하나의 고전에는 수많은 중국의 저작과 저술이 덧붙었습니다. 『사고전서』四庫全書에 수록된 3천 5

백여 종의 서적 가운데 『논어』論語를 해석한 저작과 저술은 무려 100여 종이 넘습니다. 이 가운데 중요하거나 흥미로운 내용이 없는 것은 아니지만, 결국 모두 『논어』라는 고전의 부산물일 뿐입니다. 따라서 우리가 가장 먼저 골라 읽어야 할 것은 『논어』를 해석한 그 어떤 책이 아니라 바로 『논어』입니다. 『논어』는 당연히 『논어』를 부연하고 해석한 그 어떤 책보다 기원과 본연에 가깝습니다.

이 원칙에도 예외는 있지요. 중국 삼국 시대의 왕필王弼이 주석한 『노자』老子와 위진魏晉 시대의 곽상郭象이 주석한 『장자』莊子는 불교의 개념으로 이 책들의 원래 내용을 확장하고 심화했으며, 나아가 위진 시기 이후 중국 '노장老莊 사상'의 기본 인식을 형성했습니다. 형식적으로는 부연이지만 실질적으로는 기원의 영향력을 지니는 셈입니다. 그래서 기본 텍스트로 보고 읽어야 합니다.

두 번째 원칙은 현대 중국어로 읽을 수 있어야 한다는 것입니다. 어떤 책들은 중국 역사를 이야기할 때 반드시 언급해야 할 정도로 중요합니다. 예를 들어 『본초강목』本草綱目은 중국 식물학과 약리학의 기초를 이루는 책으로 무척 중요하지요. 하지만 오늘날의 독자들에게 이 책은 어떻게 읽어 나가야 할지 너무도 막막한 대상입니다.

다른 예를 하나 더 들겠습니다. 중국 문학사에서 운문이 변화하는 과정을 이야기할 때는 언제나 한나라의 부(한부漢賦), 당나라의 시(당시唐詩), 송나라의 사(송사宋詞), 원나라의 곡(원곡元曲) 등을 꼽습니다. 당시나 송사, 원곡이라면 읽을 수 있겠지만, 한부를 어떻게 읽을 수 있을까요? 중국 문자가 확장하고 발전해 온 역사에서, 한부는 매우 중요한 역할을 맡았습니다. 한나라 사람들은 외부 세계와 문자 사이의 서로 다른 대응 관계를 인식하기 시작했고, 수많은 사물과 현상에 상응하는 어휘를 기록하고 전달하는 데 어려움을 겪었지요. 그 때문에 어휘의 범주를 있는 힘껏 넓히고, 갖은 방법으로 복잡한 외부 세계의 눈부신 풍경을 모두 기록해 내려는 충동이 생겨났습니다. 따라서 한부는 일종의 '사전'과 같은 성격을 띱니다. 최대한 복잡하고 다양한 어휘를 사용해 인간이 알고 있는 모든 것을 요란하게 과시하는 장르이지요.

겉으로는 유려한 묘사로 내용을 전달하는 문학 작품처럼 보일지라도, 한부는 사실 새로운 글자를 발명하는 도구에 가까웠습니다. 보기만 해도 신기한 수많은 글자, 남들이 잘 쓰지 않는 기발한 글자를 늘어놓는 것이 한부의 참목적입니다. 글이 묘사하고 서술하는 것이 장원莊園의 풍경이든 도시의 풍경이든, 그것은 허울에 불과합니다. 장원에 대한 한부의 묘사나 서술은 풍경을 전하거나 그로 인해 일어나는 인간의 감정을 표현하는 데 뜻을 두지 않습니다. 한부는 이런 묘사와 서술을 통해 정원이라는 외부 세계에 속하는 모든 대상에 일일이 이름을 붙입니다. 한부 작품에 등장하는 이루 헤아릴 수 없이 많은 명사는 눈앞에 보이는 모든 대상 하나하나에 새롭게 부여한 이름입니다. 한부에 존재하는 수많은 형용사는 서로 다른 색채와 형상, 질감과 소리 등을 분별하기 위해 새로이 발명한 어휘지요. 상대적으로 동사는 그리 많지 않습니다. 한부는 무척 중요하고 소개할 만한 가치가 있으며 새롭게 알 필요가 있는 장르이지만 막상 읽기는 쉽지 않습니다. 읽는다 해도 도무지 재미가 없어요. 한부를 읽기 위해서는 글자 하나하나를 새로이 배우고 그 글자의 뜻을 새삼 되새겨야 하는데, 그럼에도 글을 읽고 나서 얻는 것은 그리 많지 않습니다. 초등학생이나 중학생들의 국어 경시대회와 비교할 수 있겠습니다.

마지막으로 세 번째 원칙이 있는데, 이는 저 개인의 어쩔 수 없는 한계에서 비롯된 것입니다. 저는 저 자신이 읽고 이해할 수 있는 고전을 고를 수밖에 없습니다. 예를 들어 『역경』易經은 지극히 중요한 책이지만, 제가 가려 뽑은 고전 범주에 들지 않습니다. 예로부터 지금까지 『역경』에 대해 그토록 많은 해석이 있었고, 지금도 계속해서 『역경』에 대한 새롭고 현대적인 해석들이 나오고 있지만, 저는 아무래도 그 사상 세계로 들어갈 수가 없습니다. 저는 그와 같이 인간의 길흉화복을 점치는 방식에 설득되지 않으며, 도대체 무엇이 본연의 『역경』이 규정하고 전승하려던 의미였는지 판단할 수 없고, 무엇이 후대에 부연되고 수식된 내용인지 가려낼 수 없기 때문입니다. 역사적 독법의 원칙에 따르자면, 저는『역경』을 논할 능력이나 자격이 없습니다.

5

  '중국 고전을 읽다'에서 저는 다만 책을 읽는 데 그치지 않고 몇 단락씩 꼼꼼히 들여다보려 합니다. 중국 고전은 책마다 분량의 차이가 적잖이 존재하고 난이도의 차이도 크기 때문에, 반드시 이 두 가지를 잘 헤아려 읽을 내용을 결정해야만 합니다.

  저는 고전의 원래 순서도 내용의 일부이고, 문단과 문장의 완전함도 내용의 일부라고 생각합니다. 책의 순서에 의미가 없음을 확신할 만한 이유가 있거나 특별하게 대비시키려는 의도가 아니라면, 저는 최대한 고전이 지닌 원래의 순서를 깨뜨리지 않으려고 했으며, 최대한 완전한 문단을 뽑아 읽으며 함부로 재단하지 않았습니다.

　　강의 내용을 책으로 바꿀 때는 시간과 분량의 제한을 받기 때문에, 꼼꼼한 독해는 아마도 아주 짧은 단락에 그칠 것입니다. 하지만 여러분은 이를 통해 고전 속으로 들어가는 일에 차차 익숙해질 것입니다. 나아가 저는 여러분이 고전을 가깝게 느끼게 되어 책의 다른 부분을 스스로 찾아 읽었으면 하고 바랍니다. '중국 고전을 읽다'는 고전이 지닌 본연의 모습과 방식을 더듬어 여러분이 스스로 고전에 다가가는 기초를 닦도록 도울 것입니다. 이 책은 고전을 읽고 이해하는 데 중요한 첫걸음이 될 것입니다.

목차

서문 동양고전 읽는 법   **9**

1.   연속된 세계관

바보는 누구인가   **31**

탈옥 전문가   **39**

노자는 사실 그리 늙지 않았다   **46**

2000년 동안 잘못 읽히다   **52**

2.   상대성에서 시작하다

가련한 만족   **65**

스스로 무엇을 원하는지 분명히 알아야 한다   **80**

신인은 인간의 상식에 가깝지 않다   **95**

쓸모없는 것이 아니라 쓸 줄 모르는 것이다   **103**

3.   절대성으로 상대성을 초월하다

들을 수 없는 하늘의 피리 소리   **119**

무엇이 정신에 해를 끼치는가   **132**

상대적인 것은 절대적인 것만 못하다   **147**

4.   관점이 곧 편견이다

구분할수록 모호해진다   **159**

전문적으로 정통한 것은 작은 영리함일 뿐이다   **172**

'도'에는 옳고 그름이 따로 없다   **186**

역자 후기 어디에도 없는 곳을 거니는 법   **195**

연속된 세계관

바보는 누구인가

중국 전통에서 엄격한 의미의 '저자'는 상대적으로 늦게 출현했습니다. 아주 일찍부터 책이 있었고 책에는 분명한 내용이 있었지만, 도대체 누가 이 책을 썼는지는 잘 알려지지 않았지요. 『상서』, 『시경』, 『좌전』은 모두 오랫동안 전해지면서 여러 사람의 손을 거쳐 쓰인 책입니다. 『논어』는 공자의 말과 행동을 기록한 책이고, 공자의 인격을 매우 또렷하게 그려 내고 있지만, 우리는 이 내용을 기록한 사람에 대해 아직도 아는 바가 거의 없습니다. 『초사』楚辭는 전통적으로 굴원屈原의 저작이라고 알려져 있으나, 자세한 사료 검증을 통해 도달한 결론은 굴원과 이 작품 사이의 관계가 분명하지 않다는 사실입니다.

　『장자』의 저자에 대해서도 우리는 아는 것이 그리 많지 않습니다. 전통적으로 그는 송宋나라 몽현蒙縣 사람이라고 알려져 있고, 송나라는 오늘날의 허난성河南省 상추商丘 지역에 있었습니다. 지금까지도 남아 있는 '상추'商丘라는 이름은 우리에게 이 지역이 상商나라 그리고 상나라 사람과 밀접한 연관이 있다는 사실을 말해 주지요. 은허殷墟가 있는 안양安陽도 상추에서 그리 멀지 않습니다. 안양은 상나라가 도읍을 옮기고 왕조의 이름을 은殷으로 바꾼 이후의 중심 지역으로, 주나라가 통치권을 확립한 뒤에도 상나라의 유민들이 살면서 활발하게 활동했던 곳입니다.

　주나라에서는 초기에 봉건 제도를 시행하면서 상나라의 후예들을 '송' 지역에 봉하였는데 이 때문에 송나라의 지위는 역사적으로 매우 특수했습니다. 주나라에서 상이라는 옛 왕조에 대한 존경을 담아 송나라에 높은 지위와 계급을 부여한 까닭에, 나중에 춘추 시대에 여러 국가가 서로 다툴 때에도 송나라는 계속해서 각 나라에 영향을 미칠 수 있었습니다. 송나라 양공襄公은 패자霸者의 자리를 차지한 적도 있지요. 그러나 다른 한편으로 주나라 사람들은 송나라를 이상한 시선으로 바라보곤 했습니다. 송나라 사람들이 계승한 상나라의 문화가 주나라의 문화와 아주 큰 차이를 보인다는 사실을 분명하게 의식하고 있었던 겁니다.

춘추 시대 이후로 '송나라 사람은 어리석다'라는 상식이 여러 나라에서 통용되었습니다. 송나라 사람들은 어리숙하고 머리가 좋지 않으며 보통 사람과 다소 다른 방식으로 생각한다는 뜻이었지요. 그 시대의 수많은 농담 속 주인공이 바로 송나라 사람이었습니다. '수주대토'守株待兎는 지금도 유명한 고사성어지요. 이 이야기 속에서 토끼가 달려와 나무둥치에 부딪쳐 죽기만을 기다리는 주인공이 바로 송나라 사람입니다. 중국에서 쓰이는 고사성어인 '곡돌사신'曲突徙薪의 이야기에도 굴뚝은 구불구불하게 만들어야 하고, 장작은 굴뚝 옆에서 치워야 화재를 예방한다는 남의 충고를 듣지 않고 바보같이 장작을 굴뚝 옆에 두는 송나라 사람이 등장합니다. '각주구검'刻舟求劍도 있지요. 강 한가운데서 검을 떨어뜨리고 배의 몸체에 표시를 남겼다가 돌아가서 검을 찾으려고 했던 이 사람도 송나라 사람입니다.

기원전 638년, 홍수泓水에서 전쟁이 벌어졌습니다. 송나라는 약했고 초楚나라는 강했지만, 송나라 양공은 일전을 결심했습니다. 그런데 초나라 군대가 강을 건너는 기회를 틈타 공격해야 한다는 건의를 받아들이지 않고 군대가 무장을 완비한 뒤에야 공격을 시작했습니다. 결과는 물론 송나라 군대의 대패였지요. 이에 따라 송나라 양공 자신도 결국 맹주의 자리를 쟁탈할 기회를 잃었습니다. 시국을 살피지 못하고 융통성 없는 송나라 양공의 이러한 행동은 당시 사람들이 '어리석은 송나라 사람'에 대해 지니고 있던 선입견에 꼭 들어맞았습니다.

송나라 사람은 정말 그렇게 어리석었을까요? 그보다는 송나라 사람들이 세계를 바라보고 이해하는 방식이 춘추전국 시대를 기록했던 사람들의 생각, 곧 동주東周의 주류 문화 관념과 크게 달랐다고 이야기하는 편이 옳을 것 같습니다. 송나라 사람들의 타고난 자질이 남보다 뒤떨어진 것이 아니라 그들이 원래 동주의 주류 문화에 속하지 않았던 것이지요. 그들은 주로 중원의 동쪽에 위치했던 상나라 문화의 영향을 받았고, 우리가 보통 '초나라 문화'라고 부르는 남쪽 장강 유역의 또 다른 문화 전통으로부터도 영향을 받았습니다.

갑골문으로 쓰인 복사卜辭나 청동기에 보이는 상나라 문화와 『초사』에 보이는 초나라 문화 사이에는 아주 쉽게 교집합이 발견됩니다. 귀신의 세계에 대한 호기심과 상상으로 가득 차 있으며 사람과 귀신 사이의 상호 관계에 대한 묘사가 넘치지요. 주나라 사람과 문화의 관점에서 보면 이는 모두 '괴력난신' 怪力亂神●에 해당하는 것으로, 믿어서도 안 되고 믿을 가치도

●괴이한 일, 폭력적인 일, 어지러운 일, 귀신에 관한 일을 가리킨다.

없는 일들입니다. 그래서 주나라 사람과 문화의 관점에서 보기에 송나라 사람의 가장 큰 특징은 '쉽게 믿는 것'이었고, 그들은 허무맹랑하고 부질없는 귀신까지도 이처럼 깊이 믿어 버리는 송나라 사람을 바보 같다고 생각했습니다.

그러나 송나라 사람이 특별히 바보스러웠다기보다, 주나라 사람들이 이 바보스러움으로 인해 자신들의 '우격다짐'이 두드러지는 것을 싫어했다고 해야 할 것입니다.

폭넓은 고대 문화를 살펴보건대, 상나라와 초나라의 문화는 고고학자 장광즈張光直 선생이 주창한 '연속된 세계관'에 기초합니다. 사람과 외부 환경의 사이에 명확한 구분과 단절이 없다는 의미지요. 세상 만물은 나와 절대적으로 다른 존재가 아닙니다. 이것은 저것으로 변화할 수 있고, 저것 또한 이것으로 변화할 수 있지요. 죽음이란 연속적인 현상 중의 한 가지 변화에 불과합니다. 그러므로 산 사람과 죽은 사람을 구분하고 가를 이유도 없는 것입니다. 우리에게 익숙한 환경과 우리가 갈 수 없고 낯설어하는 환경 사이에는 여러 가지 다양한 매개나 변화를 촉진하는 힘이 있습니다.

신神이 있고 귀鬼가 있고 만물에는 영이 깃들어 있고 이 모든 것은 서로 뒤바뀔 수 있습니다. 이처럼 '연속된 세계관'은 전 세계의 고대 문화에 보편적으로 존재합니다. 그러나 중국에서 '연속된 세계관'은 주류가 아니었습니다. 상대적으로 덜 발견되며 특수하다고 할 수 있는 '불연속 세계관'에 의해 주변으로 밀려났지요.

'불연속 세계관'은 사람과 사람이 아닌 것을 분명하게 구별하고 두 범주를 가릅니다. 사람의 영역과 사람이 아닌 것의 영역 사이에 건널 수 없는 깊은 골이 존재한다고 단정하지요. 사람은 사람이 아닌 것으로 변할 수 없고, 사람이 아닌 것 또한 사람으로 변할 수 없습니다. 사람은 오직 사람의 영역만 파악할 수 있으며 그러한 일에만 관여해야 합니다. 사람이 아닌 것의 영역에 대해서는 존중하되 멀리하고, 있음을 알아도 말하지 않습니다. '불연속 세계관'을 지닌 사람은 귀신이 사람의 일에 개입한다는 사실을 믿지 않으며 사람과 귀신이 서로 통하고 교류하는 통로가 있다고 믿지 않습니다. 귀신이 참으로 존재한다고 해도 그들은 자신만의 영역에 머무를 뿐이고, 그 영역과 사람의 영역 사이에는 보이지도 않고 건널 수도 없는 견고한 벽이 있다고 생각하지요.

전 세계에 이미 알려진 인류의 오래된 문화들을 살펴보면 '연속된 세계관'이 다수로서 강력한 주류를 이룹니다. 그러나 중국에서는 오히려 '불연속 세계관'이 아주 일찍부터, 그러니까 주나라 사람들이 나라를 세웠을 때부터 주류가 되어 '연속된 세계관'을 배척하고 억압해 왔습니다.

그러나 강대한 주나라 문화도 '연속된 세계관'을 완전히 없앨 수는 없었습니다. 원래부터 귀신과의 교류나 변화를 깊이 믿었던 상나라 문화가 송나라처럼 상나라의 유민들이 사는 지역에서 줄곧 영향력을 발휘했기 때문입니다. 그리고 남쪽 지역에서 나중에 일어난 초나라 문화 역시 주나라 사람들이 철저히 억누를 수 없고 없앨 수 없는 다른 문화 요소들을 이끌고 중원의 체계로 들어왔습니다.

주나라 문화는 한쪽으로 치우친 문화였습니다. 인간 세상의 환경에 모든 주의력을 집중해, 인간관계를 안정시키고 균형 있게 배치하는 데 심혈을 기울였지요. 『논어』「선진」先進에 이런 말이 있습니다.

"자로가 귀신 섬기는 일에 대해 물었더니 선생님께서 '사람도 다 섬길 수 없는데, 어찌 귀신을 섬기겠느냐?'라고 하셨다. 자로가 '감히 죽음에 대해 묻겠습니다'라고 하니 '아직 삶도 모르는데 어찌 죽음을 알겠느냐?'라고 하셨다."季路問事鬼神. 子曰 "未能事人, 焉能事鬼?" 曰 "敢問死." 曰 "未知生, 焉知死?"

공자가 자로를 가르친 것이 바로 전형적인 주나라 문화의 입장이었습니다. 인간의 영역에서 할 일을 모두 하고 있는가? 인간의 일을 잘 처리하지 못한다면, 귀신을 어떻게 대할지 관심을 가져 어디에 쓰겠는가! 사람이 사는 동안 일어나는 일에 대해 모두 이해하고 있는가? 사는 동안 일어나는 일에 대해서도 다 알지 못하는데, 죽은 뒤의 상황을 생각해 무엇하겠는가!

전 세계 절대 다수의 고대 문명이나 원시 사상은 이와 다릅니다. 세계를 더욱 확장하여 여러 방향으로 사유한다고 할 수 있지요. 우리 삶의 바깥은 우리가 잘 알지 못하고 부딪친 적이 없는 현상들이 둘러싸고 있으며, 우리의 세계 밖에는 수없이 많은 다른 세계들이 동시에 존재하고 있습니다. 여러 방향, 여러 차원으로 이루어진 입체적인 세계는 낯익음과 낯섦, 사실과 상상, 경험한 것과 전해 들은 것이 끊임없이 갈마들고 뒤섞여, 서로 갈라놓을 수 없고 구분할 필요도 없는 채로 존재합니다.

장자는 기원전 4세기에 살았던 인물입니다. 상나라가 멸망한 지 이미 600~700년이나 지난 뒤입니다. 여기서 상나라 문화가 융성하던 시기로 다시 거슬러 올라가 보면, 주나라 문화와 대단히 다른 '연속된 세계관'이 송나라 지역에서 이미 1000여 년이나 전해져 왔음을 알 수 있습니다.

이러한 문화의 축적이 있었기에, 장자는 우언寓言이라는 형식을 골라 쓸 수 있었고, 그 자신만의 독특한 삶의 방식을 표현할 수 있었던 것입니다. 장자의 통찰력과 지혜가 그처럼 연속적이고 다층적이며, 다른 세계에 개방적이고 확장된 세계관과 밀접하게 관계를 맺고 있음은 너무나 분명합니다.

『장자』에서는 여러 차례 공자나 유가를 언급합니다. 상나라 문화 가치관을 기반으로 하는 주변 문화가 수백 년 동안 억압받고 조롱당한 뒤 이제 주나라의 주류 문화를 반격하고 비판하는 것이지요. 비판의 관점은 매우 단순합니다. 주나라 문화를 대표하는 공자나 유가가 친족을 돌보고 인간관계와 예의범절을 지키려고 동분서주하고 끊임없이 노력하는 반면, 장자는 이를 한쪽 옆에서 냉정하게 바라보며 답답해하고 남몰래 비웃습니다. 세상은 넓고 사람의 영역은 이토록 보잘것없이 작은데 모든 정력과 시간을 그처럼 작은 것에 쏟아붓고, 그와 비교하면 수백 배, 수천 배나 큰 나머지 세계는 무시하고 잊어버리다니, 이 어찌 어리석고 황당한 일이 아니겠습니까?

탈옥 전문가

전통적으로는 장자와 노자를 나란히 두고 '노장'老莊이라 부릅니다. 그러나 장자와 노자는 사상의 근본, 관심과 지향, 표현 방식에서 사실 크게 다릅니다. '노장'이라는 명칭과 순서 때문에, 우리는 너무나도 당연하게 노자가 장자보다 앞선다고, 먼저 노자의 사상이 있고 나서야 장자가 있었다고 생각하게 됩니다. 장자의 사상이 노자 사상의 부연이나 발전이라고 여기는 것입니다. 그래서 노자와 장자의 유사점에만 관심을 둘 뿐 그들 사이에 존재하는 명확하고 엄청난 차이는 무시하곤 합니다.

'연속된 세계관'과 '불연속 세계관'에 대한 앞서의 간단한 토론을 통해 우리는 장자와 노자의 차이를 발견할 실마리를 찾을 수 있습니다. 장자가 묘사하고 표현하고자 했던 것은 완벽하게 '연속된 세계관'이었습니다. 그는 이처럼 주류가 아닌 세계관으로 자신이 처한 전국 시대의 어지러운 세상을 평가하고 판단했지요. 이에 반해 노자는 여전히 주나라 문화의 '불연속 세계관' 입장에서 어떻게 인간관계를 처리할지, 어떻게 역발상의 논리로 이 인간 세상에 더욱 적합한 방식을 찾아낼지 신경을 쓰고 관심을 기울였습니다.

양자 모두 '도'道를 이야기하고 '도'라는 말로 완전하고 신비한 원리 원칙을 통칭하며, 마찬가지로 '자연'自然을 강조하면서 자연에 따라 살아야 한다고 주장합니다. 그러나 장자는 사람이 자연을 광활한 공간으로 삼아 인간 세계라는 비좁은 범주의 구속에서 벗어나, 자연을 유유히 누비며 도에 따라 살아가는 방식을 찾는 데 중점을 두는 반면, 노자는 자연의 도리를 인간 세상에 적용해 인간관계를 처리하고 이를 통해 더 안정적이고 강력하게 인간의 삶을 장악하는 일에 관심을 집중합니다.

장자는 처음부터 인간 세계의 절대성과 독자성을 부정하면서 명확하게 '연속된 세계관'을 채택합니다. 그는 현실의 인간 문제를 광활하고 '연속적인' 구조 속에서 사고하는 데 익숙하지요. 마치 지구 밖에서 지구를 우주 속 하나의 푸른 별로 자리매김하고 무수하게 많은 다른 별과 함께 바라봄으로써 시원하게 탁 트인 새로운 감상과 지혜를 얻는 것처럼 말입니다.

장자는 완전히 다른 문화 전통에 속해 있었고, 상나라 유민의 활동 범위는 여전히 산귀신이나 물귀신, 사람과 신령이 뒤섞여 공존하는 남쪽의 초나라 문화 지역과 가까웠습니다. 그래서 그는 '연속된 세계관'으로 주나라 문화에 근본적인 질문을 던집니다.

'당신들은 이 인간 세계의 문제를 그토록 중요하다 여기고 그토록 고민하며 괴로워하지만, 내가 보는 세계는 당신들이 바라보고 이해하는 것보다 훨씬 더 크고 복잡하며 풍부하다. 내가 어떻게 당신들의 사고방식에 따라, 그 좁아터진 감옥으로 들어가 느끼며 사고할 수 있겠는가? 개미 떼가 자신들의 세계를 위해 바쁘게 움직이는 모습을 보았다고 해 보자. 내가 그 개미 떼를 따라 함께 바쁘게 움직여야 하는가? 그렇지 않다. 내가 그렇게 하고 싶다고 해도 그럴 수는 없다. 나는 개미가 아니기 때문이다. 내가 보고 이해하는 것은 개미가 보고 이해하는 것보다 몇백 배, 몇천 배에 이르는데, 어떻게 그런 자신을 개미의 시선과 사고 속으로 집어넣을 수 있겠는가?'

바로 그런 '연속된 세계관'에서 비롯되었기 때문에, 장자의 질문과 비판은 추상적인 이론을 설파하는 형식을 쓰지 않습니다. 그 질문과 비판의 핵심은 사람들이 '불연속 세계관'의 한계를 넘어서서 인간 세상 밖의 더욱 넓은 우주를 바라보도록 하는 데 있지요. 이는 사변적인 이론으로 이룰 수 있는 일이 아니며, 현상의 자극을 받아 움직이는 인간 육체의 감각을 필요로 합니다. 그래서 장자의 글은 현상 묘사가 많고 직접적으로 이치를 말하는 내용이 적습니다. 흘러넘치도록 광대하고 화려하게 현상을 묘사하고 서술한 뒤에야 비로소 그 이치를 해석해 주곤 하지요.

노자는 장자와 다릅니다. 노자의 책에는 현상에 대한 내용이 없고 오직 추상적인 이치만 있습니다. 노자는 인간 세계 이외의 '자연'에는 아무런 호기심을 갖지 않습니다. 그에게 자연이란 인간 세상에서 모방하고 학습해야 하는 대상에 불과합니다. 그가 흥미를 갖는 것은 자연 자체가 아니라 자연에서 뽑아낼 수 있는 이치입니다.

장자는 인간 세상의 언어를 사용해 인간 세계 밖에 존재하면서, 평소에는 보통 사람의 눈에 들지 않고 감각으로 느낄 수 없는 현상들을 말합니다. 그는 그 안에 있는 모순되고 이해하기 힘든 이치를 명징하게 표현해 냅니다. 장자는 인간 세상에 강하게 구속받는 이 언어의 가능성을 끊임없이 추구하고 개발하여, 경험할 수 없는 현상을 경험하게 하고, 인간 세상에서 표현할 길 없는 충격과 전율을 표현합니다. 장자의 언어는 한계를 넘어 새로운 경치를 개척하지요.

노자의 언어는 귀납적으로 수렴합니다. 군더더기 없이 깔끔하게 요점만을 적지요. 『노자』는 처음부터 끝까지 이치만을 담고 있을 뿐 묘사하지 않습니다. 그러니 현상도 없지요. '도'와 '자연'이 연관되는 현상도 모두 압축되고 정제된 이치로서 제시됩니다.

장자는 언어로 묘사할 수 없는 광대한 '자연'을 이야기하고자 하지만, 노자는 언어로는 정확하게 파악할 수 없는 '도'와 '자연'의 이치를 설명하고자 합니다. 장자는 우리가 겨우 개미굴 속에서 살고 있다는 사실을 깨우치고 개미굴을 떠나겠다는 바람과 의지를 얻어, 개미굴 밖의 세계를 경험할 수 있기를 희망합니다. 그러나 노자는 개미굴 밖 커다란 세계의 이치를 정리해서 우리가 이 개미굴 안에서 어떻게 처신해야 하는지 보여 줍니다. 우리가 이 개미굴 안에서 더 강해지고 더 나아지도록 바꾸고자 하지요. 장자가 사람들을 바깥세상으로 데리고 가려 한다면, 노자는 사람들이 그 안에서 적응하는 법을 가르치는 셈입니다.

이 두 사람은 인격, 경험, 정신, 목적의 거의 모든 면에서 이처럼 서로 다릅니다!

이렇게 서로 분명하게 다른데도 장자와 노자를 전통적으로 함께 두었다는 것은 중국의 문화가 분석이나 변별에 주의를 기울이지 않고 이를 중시하지도 않았다는 사실을 시사하며, 다른 한편으로 장자가 지닌 강한 이질성을 돋보이게 합니다. 인간 세계에 대한 관심으로 편향된 주나라 문화에 오랫동안 물들어 있던 사람의 경우, 『장자』만 읽어서는 장자의 사상을 제대로 받아들이고 인식하기가 지극히 낯설고 어렵습니다. 반드시 장자와 노자를 나란히 놓고 읽어야 비로소 인간 세계를 바라보는 노자의 개념과 정보에 견주어 장자의 사상에 접근하고 그것을 받아들일 수 있습니다.

『초사』와 마찬가지로 『장자』의 가장 큰 가치는 주나라 문화의 인간 세계에 대한 관심과 전혀 다른 새로운 시각을 보여 준다는 점입니다. 인간 세계 이외의 다른 영역을 넘나드는 괴이하고 신기한 상상과 묘사 말이지요. 장자는 중원의 전통을 따르는 사람들에게 그들이 너무나도 익숙하게 받아들이고 있는 주나라 문화와는 전혀 다른 수많은 인식과 풍부한 감수성이 존재함을 말하고자 했습니다.

장자는 물론 공자에 반대했고 또 비웃었습니다. 난세에 대처하는 공자의 기본 태도는 '극기복례'克己復禮, 곧 모든 사람이 자기를 절제하고 주나라 초기에 수립된 예의를 새롭게 인식함으로써 겉으로만 따르는 것이 아니라 내면으로부터 이러한 기존의 행위 규범을 지키는 것이었습니다. 그래야 비로소 천하가 인仁으로 돌아가 안정되고 진정한 평화를 이룰 수 있다고 믿었지요. 그러나 장자는 한 번도 이러한 '주나라의 문화 질서' 속에 머문 적이 없습니다. 그는 이전에 존재한 '주나라의 문화 질서'가 속박이자 굴레라고 생각했지요.

'세상이 어지러워 이미 과거의 봉건 질서가 흔들렸다면, 그 틈을 노려 무너지기 직전인 감옥을 탈출해야 마땅하지 않은가? 어째서 도리어 하늘과 바다처럼 넓은 세상을 향한 발을 묶고 스스로 칼을 차고 감옥 안에 앉아 있기를 바라는가?'

장자는 이렇게 반문한 것입니다.

장자는 인간 세상에서 어떻게 살아가야 할지 말하지 않으며, 인간 세상의 문제를 어떻게 처리해야 할지 가르치지도 않습니다. 그는 어떻게 하면 인간 세상을 상대적인 위치에서 볼 수 있는지 알려 주고, 그 세계가 우리가 믿고 있는 것보다 훨씬 보잘것없고 하찮은 것임을 보여 주고자 했습니다. 장자는 우리가 눈을 뜨고 진정한 자신을 바라보며 다음과 같은 사실을 마음으로 믿기를 바랐습니다. 인간 세상은 우리가 그토록 많은 심혈을 기울일 가치가 없다는 사실, 우리의 모든 시간을 쏟아부으며 관심을 기울이고 대응할 필요는 더욱 없다는 사실을 말입니다.

노자는 사실 그리 늙지 않았다

　장자와 노자는 전통적으로 함께 언급될 뿐 아니라 반드시 '노'가 '장'의 앞에 놓여 '노장'老莊으로 불립니다. 노자의 시대가 장자보다 앞선다고 보고 노자의 사상이 장자가 출현하기 이전부터 있었다고 여기는 것이지요.

　『장자』라는 책에 이미 노담老聃이라는 사람이 나오니 장자가 노자보다 나중 사람이라는 점을 증명한다고 생각하는 것입니다. 그러나 이 분명하고도 단순한 증거에는 한 가지 심각한 문제가 있습니다. 그것은 『노자』(『노자』는 때때로 『도덕경』道德經 또는 『노자도덕경』老子道德經이라 불립니다)라는 책이 진짜 '노담'이라는 사람의 손에서 나왔는지 확인할 방법이 없고, 노담과 관련한 역사 자료로는 『노자』가 만들어진 시대를 단정할 수 없다는 점입니다.

역사학자 첸무錢穆는 일찍이 노자와 장자의 연대에 대해 상세하게 연구하면서 여러 방면의 사료를 비교하여 '장자가 노자를 앞선다'라는 결론을 얻었습니다. 『노자』에 쓰인 문자와 어휘, 『노자』의 문체 등을 보면, 『노자』는 절대 공자의 시대에 쓰인 책일 수 없으며, 더욱이 공자보다 앞섰을 리 없다고 확정할 수 있습니다. 『노자』가 만들어진 시기는 전국 시대 후기, 곧 『순자』와 동시대이자 『한비자』보다 조금 이른 때로 추정하는 것이 가장 합리적입니다. 이러한 연구 결과로 보면 『노자』는 분명 『장자』 내편內篇보다 뒤처지게 되지요. 그러니까 『노자』의 사상은 『장자』의 핵심 사상이 완성된 뒤에 비로소 나타났다고 말할 수 있습니다.

『노자』에 관한 첸무의 논문 4편을 읽어 본바, 제 개인 관점에서 그의 주장이 실린 이 논문들은 산처럼 흔들리지 않는 강력한 증거로 보입니다. 『노자』가 기원전 4세기 이전에 만들어졌다는 주장은 전국 시대 자료를 고증하면 버티지 못합니다.

중국 고대의 언어와 문자에 대한 직관적인 어감을 활용하면『노자』의 말투가『논어』나『좌전』과 큰 차이를 보인다는 사실을 느끼게 됩니다. 이런 말투는 전통적으로 노담이 살았다고 주장되는 시기에는 절대 나타날 수 없지요. 한 걸음 더 나아가 전국 시대의 문체 변화를 따져 보면,『노자』의 이러한 논설 방식은 전국 시대 전기에 가장 성행했던 웅변 스타일에서도 벗어나,『순자』나『한비자』에 이르러 보이는 직접적인 설명의 표현 방식에 가깝다는 점이 확연히 드러납니다.

　　상대적으로,『맹자』와『장자』를 비교하거나『장자』와『노자』를 비교하면서 서술 방식이 서로 닮았다고 느끼기는 어렵습니다. 그와는 달리,『순자』나『한비자』와『노자』를 한데 늘어놓으면 엇비슷한 문장과 비슷한 표현 방식을 쉽게 찾아낼 수 있지요.

　　『노자』와『맹자』의 문체 사이에서 발견되는 차이는『노자』와『순자』또는『한비자』사이에서 보이는 차이에 비해 훨씬 큽니다.

　　『장자』를『노자』보다 앞선 시대로 놓으면 역사의 변화와 발전은 더욱 명확하게 보입니다.

　　춘추 시대부터 전국 시대까지 난세가 이어지는 상황에서 주류를 형성했던 주나라 사람들의 봉건 문화는 점점 격심

한 회의와 도전에 부딪쳤습니다. 이에 따라 원래는 주변에 위치했던 세력들이 점점 자신감을 얻으면서 중심을 향해 공격을 감행하게 되었지요. 초나라, 오吳나라, 월越나라, 진秦나라가 앞을 다투어 세력을 일으켰고, 이는 군사 방면에만 영향을 미친 것이 아니라 사상과 문화에도 자극을 주었습니다. 주류 문화가 흔들리면서 이질적인 초나라 문화와 수백 년 동안 가라앉아 있던 상나라 문화가 두드러질 기회를 얻었습니다.

춘추 시대 말기에서 전국 시대 초기는 사람들의 문제의식이 강해지고 해답을 찾으려는 움직임 또한 가장 강렬한 시기였습니다. 그런 의식과 움직임으로 드러난 것 중 한 가지는 사고와 표현의 다원화 경향입니다. 반어와 역설, 분석과 변론이 직접적인 서술과 설명을 대체하면서 그 시대에 가장 인기 있는 언어 및 문자의 형식으로 대두했습니다. 또 다른 한 가지는 주나라 문화와 거리가 먼 요소들이 하나둘씩 이 거대하고 뜨거운 논쟁의 영역에 끼어들어 각각 학파를 형성하고 중시된 것입니다.

그러나 다원화된 사상 논쟁은 사람들의 마음에 안정을 가져다주지 못했을 뿐 아니라 의심과 불안까지 불러왔습니다. 기원전 6세기부터 기원전 3세기까지 전쟁, 혼란, 공포, 의심이 계속된 300년 뒤에 남은 것은 결국 평화와 휴식, 일상생활, 분명한 해결 방안과 같은 공통된 바람이었습니다. 그래서 기원전 4세기 말, 그러니까 맹자와 공자의 시대 이후로 백가쟁명百家爭鳴은 마무리되고 통일되는 방향으로 발전했습니다.

춘추전국 시대에 주나라 문화에서 일어난 또 다른 중요한 변화는 공자가 개창한 '유가'儒家에 있습니다. 공자는 원래 봉건 제도를 유지하고자 만들고 쓰였던 예절과 의례에 원칙과 보편성을 부여했고, 이로써 예절과 의례가 형식에서 벗어나 정신적인 의미를 갖도록 했습니다. 그리하여 왕의 관료를 위한 학문인 '왕관학'王官學은 여러 사상가의 학문인 '제자학'諸子學의 하나로 환골탈태하였고, 이러한 방식으로 주나라 문화는 주나라의 정치 세력이 무너졌는데도 함께 사라지거나 끊어지지 않고 살아남을 수 있었습니다.

이 두 가지 조건이 어우러지면서, 주나라 사람들이 예부터 지녀 왔던 세계관은 전국 시대 후기의 사상 조류 속에서 『초사』나 『장자』로 대표되는 이질적인 문화에 대체되지 않고 유지될 수 있었던 것입니다. 『노자』는 전국 시대 후기에 나타났습니다. 그 사상은 한편으로 『장자』와 밀접한 관계를 맺어 자연이 천지를 받아들이고 이끈다는 원칙을 흡수했으며, 하나의 이름으로는 완전히 아우를 수 없는 모든 것의 근원인 도道의 개념을 정리해 냈습니다. 그러나 다른 한편으로 『노자』의 사상은 전국 시대 후기의 사상 조류에 따라 '도'와 '자연'을 인간 세상으로 끌고 들어와 인간 세상에서 활용할 수 있는 지혜로 써 냈습니다. 또한 마찬가지로 전국 시대 후기의 사상 조류에 맞춘 『노자』의 글은 정제되고 권위적인 명령문에 가까워, 백가쟁명이 한창일 때 유행했던 개방적이고 웅변적인 스타일과는 완전히 다릅니다.

『노자도덕경』의 저자는 절대로 공자를 만난 적이 없을 것이며, 『장자』에서 언급된 노담이라는 인물을 만난 적도 없을 것입니다. 진짜 저자는 어쩌면 역사 기록 가운데 여러 번 등장하는 '이이'李耳일 수도 있습니다. 그의 출신 지역은 장자와 가까우니 『장자』의 내용을 익히 알고 있었을 것입니다. 그리하여 『장자』의 사상 및 유사한 '도'와 '자연' 사상에서 세상살이의 경험에 깨우침을 주고 적용할 수 있는 내용을 정리하고 발전시켜 『도덕경』을 지었을지도 모르지요.

노자는 이질적인 문화가 지닌 본래의 기이하고 황당한 내용을 크게 손보아, 주나라 문화의 '불연속 세계관'에 '연속된 세계관'을 반영한 사상을 접목시켜 새로운 인생관을 만들어 냈습니다. 그 가운데 특히 권력에 대한 철학 쪽은 전국 시대 후기라는 환경에서 봤을 때 『장자』보다 한결 '유용'했으므로 금세 두각을 나타낼 수 있었습니다.

2000년 동안 잘못 읽히다

『한서』「예문지」에 실린 『장자』는 모두 52편입니다. 한漢나라에서 진晉나라에 이르기까지는 보통 내편 7편, 외편外篇 28편, 잡편雜篇 14편에, 후대 사람이 덧붙인 것이 분명한 해설 3편으로 알려져 있었습니다.

진晉나라의 곽상郭象이 새로 교정을 한 뒤에는 오직 33편이 남아 오늘날에는 내편 7편, 외편, 15편, 잡편 11편인 판본만이 전합니다.

『장자』가 처음부터 내편, 외편, 잡편으로 나뉘었다는 것은 편집자가 이들 내용이 한 사람의 저자에게서 나오지 않았다는 사실을 분명히 인식하고 있었음을 보여 줍니다. 또한 장자의 시대에서 그리 멀지 않은 때부터 장자 사상이 나뉘고 확장되었다는 점도 알려 주지요.

곽상은 옛 판본에서 내편 7편을 모두 남겼습니다. 이는 이 7편이 장자 본래의 사상에 가장 가깝다는 것을 나타내지요. 이 글들은 장주莊周라는 저자가 혼자 쓴 것으로 보입니다. 외편의 분위기와 문체가 내편과 아주 큰 차이를 보이는 건 아닙니다. 게다가 각각의 글은 내편의 사고나 논리 전개와 직접 연관

되지요. 하지만 외편의 내용은 내편에 비하면 어수선하고 옛 이야기와 우언이 더 많이 실려 있어서, 어찌 보면 장주가 쓴 것 같고 어찌 보면 그와 가까운 시기에 살았던 제자가 쓴 것 같습니다.

잡편 가운데 몇 편은 얼핏 외편과 무척 닮은 것 같지만 「설검」說劍과 같은 나머지 몇 편은 장자가 지닌 본래의 사상 맥락에서 벗어나 통쾌할 정도로 순수한 우언입니다. 그 밖에 「천하」天下와 같은 글은 도道의 기본 입장에서 제자백가를 정교하고도 엄밀하게 분석하고 정리하고 있어 틀림없이 전국 시대 후기나 더 나아가 한나라 초기에 완성되었을 것으로 생각됩니다.

내편과 외편, 잡편의 세 부분을 두루 살펴보고자 한다면, 내편에서는 「소요유」逍遙遊, 「제물론」齊物論, 「양생주」養生主, 외편에서는 「추수」秋水, 잡편에서는 「설검」을 가장 기본적으로 읽을 만한 범위로 정할 수 있겠습니다.

오늘날 『장자』를 읽기 위해서는 몇 가지를 기억해 두는 편이 좋습니다. 첫 번째로 진시황이 여섯 나라를 멸망시키고 중원을 통일한 뒤 하나의 문자를 사용하는 '서동문'書同文 정책을 추진했다는 사실입니다. 춘추전국 시대에 각국이 매우 빠른 속도로 발전하면서 중국의 문자도 여러 갈래로 나뉘었습니다. 그 이전까지 문자는 왕관학의 교육을 받은 극소수 귀족의 전유물이었기에 그리 쉽게 변하지 않았고 상대적으로 안정되었지요. 춘추 시대 이후로 공자와 같이 "가르침에는 차별이 없다"有教無類라고 주장하는 스승들의 노력으로 글자를 아는 사회 계층이 확대되었고, 문자의 사용 범위 또한 이전 시기와 비교할 수 없을 정도로 커지면서 서서히 지역에 따른 문법과 용법이 나타나기 시작했습니다. 이런 변화는 300~400년 동안 계속되었고, 기원전 3세기 말에는 이미 제어할 수 없는 상황에 이르렀지요. 이에 따라 진시황은 영토의 통일을 이룩한 뒤에 곧 서동문 정책을 중점적으로 추진해, 소전小篆이라는 특정한 문자를 기준으로 삼아 이 기준에 맞지 않는 지역차를 없애고자 했습니다.

『초사』나 『장자』 같은 전국 시대 남쪽 지역의 문장에는 주나라 문화의 정통 범주를 벗어나 지역 색채가 강한 문자와 문법이 다수 사용됐습니다. 그래서 서동문 정책 아래 소전으로 새롭게 쓰이면서 사실과 달라지는 문제를 피하기 어려웠지요. 남쪽 지역에서만 사용하는 특별한 문자나 단어는 아마도 옮겨 적는 과정에서 사라졌을 것입니다. 이렇다 보니 우리 같은 후대 사람이 그 글을 이해하는 데 어려움을 겪게 됩니다.

『논어』나 『맹자』에 비해 『초사』와 『장자』가 훨씬 읽기도

어렵고 이해하기도 어려운 이유 가운데 하나는 서동문 정책의
실시 후 쓰기 방식이 통일되면서 생긴 차이에서 비롯했습니다.

두 번째로 『초사』나 『장자』가 계승한 남쪽 지역의 문화가
역사적으로 거의 언제나 변방에 속했다는 사실입니다. 이 저
작들이 지닌 수많은 특징은 주류인 주나라 문화의 인본주의나
인간 세상의 문제에만 몰입하는 가치관과 거의 모든 부분에서
달랐습니다. 진나라와 한나라의 통일 이후 『초사』와 『장자』에
대한 이해와 독법은 이런 인본주의 전통의 입장에 서 있었으
므로, 남쪽 지역의 신과 귀신, 기이한 상상이 지닌 의미를 왜곡
할 수밖에 없었습니다. 이는 사상의 형식에서 비롯된 차이라
하겠습니다.

진秦나라에서 한나라에 이르기까지 『장자』는 중시되지 않
았으며 그다지 영향을 끼치지도 못했습니다. 몇백 년 동안 도
가의 중심은 '황로'黃老였지 '노장'이 아니었고 한나라 시기에
는 '노장'을 말하는 사람이 아예 없었습니다. 위진魏晉 시기에
이르러서야 노자와 장자를 함께 거론하는 '노장'의 학설이 '황
로'를 대체하면서 유행하는 용어가 되었지요.

역사학자 첸무는 『장자찬전』莊子纂箋에서 "『장자』는 기울
어 가는 시대의 책이다. 그러므로 『장자』를 연구하고 글을 쓴
이 또한 기울어 가는 시대에 살지 않은 적이 없다. 위진 시기의

완적阮籍, 상수向秀, 곽상郭象, 명나라 말기의 초횡焦竑, 방이지方以智, 왕부지王夫之 부자 등이 모두 그러하였다"라고 말했습니다. 왜 『장자』는 언제나 '기울어 가는 시대'에 유행하였을까요? 그 가운데 중요한 이유 한 가지를 꼽아 보겠습니다. '기울어 가는 시대'란 주류 사회의 중심 가치가 붕괴되고 해체되는 때를 의미합니다. 이런 시대에 이르러서야 사람들은 비로소 『장자』와 같이 사회의 범주를 초월하는 이야기를 진정으로 감상하고 이해할 수 있게 되며, 비로소 주류 사회의 중심 가치로 『장자』를 곡해하지 않게 되고, 비로소 『장자』가 이룩한 의미 있는 공헌을 온전히 해석하고 체현하게 됩니다.

그래서 '번창한 시대'에 이루어진 『장자』에 대한 해석은 '기울어 가는 시대'의 해석만큼 들어맞지도 훌륭하지도 못합니다.

세 번째는 장자와 맹자, 혜시惠施, 공손용자公孫龍子 그리고 소진蘇秦과 장의張儀 등이 모두 전국 시대의 인물이라는 점입니다. 전국 시대의 역사를 기록한 책 중에는 『전국책』戰國策이 가장 유명한데, 종횡가縱橫家의 말과 행동이 주로 실려 있습니다. 종횡가의 언변 능력은 분명히 전국 시대의 가장 큰 특징입니다. 그러나 이 언변이라는 기술 자체는 종횡가뿐 아니라 당시 모든 사상의 기본 표현 방식이었습니다. 문답을 되풀이하며 질문을 통해 도발하고 우회적으로 논증하며 다양한 방식으로 비유하는 웅변 기술은 당시의 모든 언어에 영향을 주었습니다.

웅변의 이면에는 강렬한 회의가 존재했습니다. 구시대의 가치로는 묶어 둘 수 없고 새로운 시대의 가치는 세울 도리가 없는 현실에서, 사람들은 무엇도 확실하게 파악할 수 없었고 신념도 가질 수 없었습니다. 그래서 의심하고 주저하며 쉽게 믿지 못했고, 그것이 그 시대의 보편적인 태도가 되었지요. 사람들은 간단한 격언들을 더 이상 순수하게 믿을 수 없었고, 말하는 사람은 자신의 말이 듣는 사람에게 바로 받아들여질지 예측할 수 없었습니다. 그는 자신의 말을 듣는 사람의 대부분이 어떤 말을 듣더라도 틀림없이 이런 반응을 보일 것이라는 점을 잘 알았지요.

"정말? 그렇다고? 왜 그런 건데?"

그래서 그는 자연스럽게 이러한 의심을 풀어 줄 방법을 궁리하고 계획했습니다. 그렇게 하지 못한다면 그의 말은 듣는 사람의 마음에 효과적으로 전달되지 않을 것이기 때문입니다.

춘추 시대의 묵가墨家가 묵변墨辯의 전통을 열었고 전국 시대에 그 갈래 가운데 하나가 명가名家로 이어졌습니다. 이들은 어떻게 표현할지, 어떻게 설득할지, 어떻게 상대의 논리를 깨뜨리고 이길지에 대해 갈수록 정교한 전략과 전술을 구상했습니다. 장자의 좋은 친구 혜시가 바로 이러한 전통에서 무척 뛰어난 인물 가운데 하나였지요. 『장자』에 등장하는 수많은 중요 관념은 혜시와 장자의 논리 문답과 대화에서 드러납니다. 만약 장자가 이 웅변 시대의 사회 분위기 속에서 다양한 웅변의 기술을 충분히 장악하지 못했다면 그는 이와 같은 내용을 쓰지 못했을 것입니다.

장자는 무한한 상상력으로 이 찬란하게 발달된 웅변의 분위기 속에 뛰어들었습니다. 그리하여 사상적인 성취를 거두었을 뿐 아니라 동시에 어디에서도 찾아볼 수 없는 독특한 문학 걸작을 완성해 냈지요.

이 세 가지는 또한 전통적인 『장자』의 해석에 마음을 놓지 못하게 만드는 이유가 되기도 합니다.

남쪽 지역의 문화는 일찍이 동주東周 시기에 자극이 되었으나 진나라와 한나라 이후로는 대개 무시되거나 잊혔습니다. 남쪽 지역의 독특한 문자와 단어는 옮겨 쓰는 과정에서 잘못 바뀌기도 하고, 통속화되어 원래의 강렬하고 농후한 의미를 잃기도 하고, 시간의 흐름에 따라 완전히 이해할 수 없게 변하기도 했습니다.

더 심각한 문제는 장자의 확장성이나 인간의 한계를 깨뜨리는 주장을 인문중심주의의 가치관으로 인간 세상의 현실에 비춰 해석하는 경향이었습니다. 장자 본연의 맛과 뜻이 강한 부분일수록 더욱 쉽사리 지리멸렬하게 해석되고 완전히 다른 모습으로 바뀌었지요.

맹자와 장자의 시대가 지나간 뒤에 전국 시대의 사조는 또 한 차례 중요한 변화를 맞았습니다. 불안정하게 들끓던 웅변은 이제 더욱 단단하고 엄격한 논설 스타일로 대체되었지요. 웅변과 논쟁이 원래 가진 말하기 성격은 더욱 형식적이고 리듬이 비교적 느린 쓰기 성격으로 바뀌었습니다.『맹자』와『순자』의 차이나『장자』와『노자』의 차이를 보면 이러한 변화를 느낄 수 있습니다. 맹자와 장자는 논쟁하고 웅변하여 도리를 전했지만, 얼마 지나지 않아 순자와 노자는 쓰고 서술하여 도리를 전하게 되었던 것입니다.

웅변의 시대는 한번 간 후 다시 오지 않았습니다. 이후의 중국 전통에서 웅변 스타일은 기본적으로 사라졌지요. 적어도 특정한 지식이나 가치를 지닌 학문으로 세워지지는 못했습니다. 그래서『장자』의 웅변을 정면에서 다룰 수 없었을 뿐 아니라 제대로 그 가치를 드러내고 발휘하게 할 수 없었지요.

이후의 중국 전통에서 웅변 스타일은 묵변에서 명가에 이르는 논리 및 이론 연구의 관습과 함께 모두 사라졌습니다. 진나라와 한나라 이래로 중국에서 형식 논리의 분석은 한 걸음도 발전하지 않았을 뿐 아니라, 심지어 논리 분석을 명백하게 무시하거나 적대시하는 현상까지 나타났습니다. 위진남북조 시기에 인도 불교의 인명학因明學에 자극을 받아 논리 분석의 위상이 다소 높아지기는 했지만, 당나라 중기 이후에 이르러 '복고운동'이 성행하면서 이러한 사고방식은 다시 억눌렸습니다.

웅변 스타일이 대단히 낯설어진 데다 논리 분석 훈련이 부족했기 때문에, 「제물론」과 같은 『장자』의 일부 내용에 대해서는 전혀 손을 댈 수 없었고, 설사 억지로 해석을 끌어내더라도 그 안에 언제나 상호 모순이 있어서 장자의 핵심 이론을 드러내지 못했습니다.

청나라 중기부터 중화민국 초기까지 크게 유행한 고증학에서 정밀하게 『장자』의 문자와 구문을 고찰한 덕에 문자와 단어의 혼란은 상당 부분 해결되었습니다. 그러나 외부로 확대되는 장자의 사유 방식에 익숙하지 않다는 문제, 전국 시대 웅변 스타일을 깊이 있게 느낄 수 없다는 문제, 엄정한 논리 분석 개념이 부족하다는 문제는 여전히 대부분의 『장자』 해석에 남아 있기 때문에, 어떤 해석도 쉽게 따르거나 받아들이지 않는 편이 좋습니다.

오늘날『장자』를 읽는 일을 우리가 포기할 이유는 없습니다. 사실 우리는 과거에 비해 장자의 사상을 받아들이기에 더 유리한 조건을 지녔다고 할 수 있지요. 우리는 역사 연구나 동시대의 다른 자료를 통해 장자가 살았던 웅변 시대의 흐름을 재구성할 수 있습니다. 또한 고도로 발달된 현대 논리학의 도움을 받아 중국 전통의 전형적인 사고 습관에서 벗어나『장자』에 담긴 글 사이의 관계를 정리하고 복원할 수 있을 것입니다.

상대성에서 시작하다

가련한 만족

『장자』 내편 제1편 「소요유」에서는 곧바로 현실의 인간 세상에 구속받지 않는 세상이 생생하게 펼쳐집니다. 인간의 세상 바깥에는 아주 큰 공간이 있고, 현실 바깥에는 우리의 의식과 상상이 노닐 수 있는 더 큰 영역이 있음을 보여 주지요. 그 공간, 그 영역에 얼마나 웅장하고 기이하며 화려한 현상이 존재하는지! 얼마나 불가사의한 일이 발생하는지!

북명에 물고기가 있다. 그 이름은 곤이다.

北冥有魚, 其名爲鯤.

북쪽의 가장 광대한 바다에 "곤"이라는 물고기가 있다고 말한 뒤에 장자 특유의 과장된 묘사가 시작됩니다.

곤의 크기는 몇천 리인지 알지 못한다. 변화하여 새가 되면 그 이름을 붕이라 한다.

鯤之大, 不知其幾千里也. 化而爲鳥, 其名爲鵬.

첫 번째 과장은 이 물고기의 크기를 묘사하면서 수천 리나 된다고 말한 점입니다. "몇천 리"라는 말은 우리 인간의 기준에 맞춰 억지로 추측한 표현일 뿐 우리에게는 곤의 진짜 크기가 어느 정도인지 측정할 능력이 없습니다. "알지 못한다"라는 말은 인간의 왜소함과 부족함을 충분히 전달합니다. 일반적인 인간 세상의 감각으로는 장자가 이야기하고자 하는 이치, 묘사하려는 사물을 느끼기에는 까마득히 부족한 것입니다. 인간 세상의 감각과 이해를 넘어설 준비를 마치고서야 우리는 비로소 장자의 이치와 사물과 만날 수 있습니다. 이는 우리에게 『초사』「천문」天問이 어째서 그토록 많은 의문으로 가득 차 있는지 생각하게 합니다. 그 작품은 어째서 그토록 많은 질문을 늘어놓으면서 단 하나의 해답조차 내놓지 않았을까요? 그러한 문제들에는 해답이 없고, 우리는 의혹을 품지만 '알지 못하기' 때문입니다. '알지 못하는 것'에 대한 호기심으로, 자신이 '알지 못하는 것'에 연연하여, 해답을 얻지 못할 줄 분명히 알면서도 아이처럼 묻고 또 묻게 되는 것입니다. 이것이 바로 『초사』와 『장자』가 주나라 문화와 변별되는 점입니다. 정신이 지향하는 바가 다르지요.

곤의 크기에 대한 이야기를 마치자마자 두 번째 과장이 이어집니다. 이 물고기는 모습을 바꿀 수 있습니다. 물고기에서 "붕"이라 불리는 새로 변하지요. "변화하다"化는 『장자』에서 자주 보이는 말입니다. 장자가 우리를 이끌고 가는 세계는 광대하여 이미 알고 있는 것 외에 무궁무진한 미지未知를 포함합니다. 게다가 이 세계는 한 번도 멈춘 적이 없지요. 우리는 현재 보고 있는 현실의 상태나 모습을 가정할 수 없습니다. 다음 순간, 심지어 눈 깜빡할 만큼 짧은 순간에도 이것은 저것으로 '변화하고' 끊임없이 움직이며 우리가 파악할 수 없는 변화의 가능성으로 가득합니다.

붕의 등이 몇천 리인지 알지 못한다. 힘껏 날아오르면 그 날개는 드리운 구름과 같이 하늘을 다 덮는다.

鵬之背, 不知其幾千里也. 怒而飛, 其翼若垂天之雲.

'곤'이 그토록 거대하므로 변화한 '붕' 또한 "몇천 리인지 알지 못할" 정도로 상식적인 크기를 초월합니다. 이어서 또 예측할 수 없고 통제할 수 없는 변화가 일어나지요. '붕'이 움직임 없는 정태적 존재에서 순식간에 움직이는 동태적 존재로 바뀌는 것입니다. "怒"(노)는 갑작스럽게 떨치고 일어나는 모습을 말합니다. 그 어마어마하게 큰 날개를 휘젓는데 날개는 아득히 멀리 떠다니는 구름처럼 하늘을 뒤덮습니다.

이 새는 바다가 움직이면 장차 남명으로 가고자 한다.

是鳥也, 海運, 則將徙於南冥.

원래 북쪽 바다에 있던 이 어마어마하게 큰 물고기는 바다 위로 큰 바람이 불어올 때 이를 타고 남쪽 바다로 날아가려고 합니다.

남명이란 하늘 연못이다.

南冥者, 天池也.

"하늘"은 '사람'에 상대됩니다. 인공의 수정이 가해지지 않거나 혹은 사람의 힘으로 바꿀 수 없는 것을 가리켜 '하늘'이라 부릅니다. 자연적인 것과 인위적인 것은 대비되며 나아가 대립합니다. 이는 장자에서 노자에 이르는 도가의 핵심 관념이지요. "하늘 연못"은 순수한 자연의 수역水域으로, 이러해야만 비로소 '붕'을 수용할 수 있습니다. '곤'에서 '붕'에 이르기까지, 사람의 이해 범주를 까마득히 넘어서는 이 거대한 생물은 자연의 북쪽 수역에서 자연의 힘인 거대한 바닷바람을 타고 날아오른 뒤 마찬가지로 자연의 남쪽 수역으로 나아가는 것입니다.

제해란 괴이한 일을 적은 책이다.

齊諧者, 志怪者也.

이어서 장자는 『제해』齊諧라는 책을 언급합니다. 이 책의 이름은 분명히 이 책의 내력이 '제'齊나라와 연관 있음을 보여 줍니다. '제'나라는 나중에 강태공에게 봉해지기는 했지만, 원래 동쪽 끝 바닷가에 위치한 이 땅의 전통은 서쪽의 고원 지대에서 온 주나라 사람들과 크게 다릅니다. 동주 시기에 이르러, 제나라와 제나라 사람들이 다른 사람들에게 남긴 가장 강렬한 인상은 첫째 사냥을 즐기고 무예와 용맹을 숭상하는 정신입니다. 이는 제나라 환공桓公이 첫 번째 패자覇者가 되는 기반이 되었지요. 둘째는 그들의 여러 가지 신앙입니다. 그들은 희한하고 신기한 대상에 깊은 관심을 가졌지요. 나중에 진시황과 한漢나라 무제가 불로장생을 바라면서 동쪽 제나라 지역의 방사方士들과 만나고, 이들을 바다로 내보내 신선이 산다는 봉래산으로 보낸 일만 보아도 이러한 일의 유래가 무척 오래되었음을 알 수 있습니다.

이 『제해』라는 책에는 희한하고 신기한 사건들이 잔뜩 기록되어 있었습니다. 이 책에는 붕새가 남쪽으로 날아가는 모습에 대한 멋진 묘사가 있지요.

『제해』에 이런 말이 있다. "붕새는 남명으로 갈 때 물을 쳐서 삼천 리까지 솟아오르게 하고, 회오리바람을 타고 구만 리 하늘로 올라가 유월의 숨을 타고 간다."

諧之言曰 "鵬之徙於南冥也, 水擊三千里, 搏扶搖而上者九萬里, 去以六月息者也."

붕새는 남쪽으로 가려고 할 때 그 거대한 날개를 퍼덕이면서 수면을 쳐, 물을 그대로 삼천 리 높이까지 솟아오르게 하고, 이런 방식으로 자신의 몸을 반듯하게 들어 올려 날아오릅니다. 그런 뒤에 다시 바람에 의지해 빙글빙글 돌며 솟구쳐 오르는데 날갯짓을 할수록 점점 더 높아져 구만 리 아득하게 높은 하늘로 오릅니다. 그리고 붕이 이렇게 높이 날아 움직일 수 있는 것은 유월의 "숨" 덕분입니다.

이처럼 거대하고 기이한 장면이 '숨'이라는 말과 연결됩니다. 커다란 붕새를 받치고 다시 구만 리 높은 하늘로 보내는 것은 무엇일까요? 바로 보이지도 않고 잡을 수도 없는 '숨'입니다. 『제해』에 쓰인 괴이한 일은 붕새가 날아오를 때의 장관뿐 아니라 "유월의 숨을 타고 가는 것"이기도 합니다. 어째서 '숨'에는 이토록 불가사의한 힘이 있을까요?

그리하여 장자는 이어서 '숨'을 논의하고 해석합니다.

아지랑이나 티끌이나 살아 있는 것은 숨으로 서로 분다.

野馬也, 塵埃也, 生物之以息相吹也.

더운 날 땅 위를 보고 있으면 눈앞의 모든 것이 희미하게 흔들리거나 꺾여 보이는데 이처럼 흔들리는 기운을 아지랑이라고 합니다. 그리고 공기 중에는 티끌이 떠다니지요. 특히 햇빛이 비치면 그 가운데서 아주 작은 생명체들이 움직이는 모습을 또렷하게 볼 수 있습니다. 이 모든 것이 바로 '숨'의 작용이며 생명체가 서로 숨을 불어 일으키는 효과입니다.

하늘의 푸르디푸름은 그 자체의 색인가? 멀리 있어서 끝이 없기 때문인가? 그 아래로 보이는 것도 또한 이와 같을 따름이다.

天之蒼蒼, 其正色邪? 其遠而無所至極邪? 其視下也, 亦若是則已矣.

커다란 붕새는 '숨'의 작용에 힘입어 구만 리나 되는 높은 하늘로 날아오릅니다. 붕새가 거기서 보는 하늘은 우리가 바라보는 하늘과 마찬가지로 푸른색일까요? 푸른색은 하늘이 원래부터 지니고 있는 고유한 색일까요, 아니면 우리가 하늘로부터 너무 멀리 떨어져 있어서 푸르게 보이는 것일까요? 구만 리 하늘로 날아오른 붕새는 하늘의 끝을 발견할 수 있을까요, 아니면 하늘이란 원래 끝이 없고 한없이 펼쳐져 있는 것일까요? 붕새가 그토록 높은 곳에서 내려다보는 것은 우리가 이 낮은 곳에서 올려다보는 것과 마찬가지겠지요! 붕새가 보는 저 까마득히 낮은 곳 또한 머나먼 거리 때문에 푸르게 보일 수 있고, "끝이 없"게 보일 수 있습니다. 우리는 하늘 위에 무엇이 있는지 알지 못하고 그저 푸른색만 보면서 그것이 하늘의 진짜 모습, 곧 "그 자체의 색"이라고 여기지요. 커다란 붕새가 구만 리 밖에서 땅을 내려다볼 때도 먼 거리 때문에 땅 위의 무엇도 보지 못하고 한도 끝도 없이 펼쳐져 있는 푸른색만 보는 것은 아닐까요?

여기서 장자는 사람이 도무지 갈 수 없는 높은 곳에 대해 억누르지 못하는 호기심을 표현하며 그 자신의 '천문'天問을 던집니다. 동시에 대상을 묘사하는 화자 역할을 집어던지고 스스로 저 높은 하늘 위를 나는 커다란 붕새가 되는 상상을 통해 그가 보고 경험하는 것이 무엇인지 깊게 탐색합니다.

물이 두텁게 고이지 않으면 큰 배를 지탱할 방법이 없다. 한 잔의 물을 움푹 팬 곳에 부으면 겨자로는 배를 삼을 수 있다. 그러나 술잔을 내려놓으면 곧 바닥에 닿는다. 물은 얕고 배는 큰 까닭이다.

且夫水之積也不厚, 則負大舟也無力. 覆杯水於坳堂之上, 則芥
爲之舟. 置杯焉, 則膠, 水淺而舟大也.

물은 충분히 깊지 않으면 큰 배를 띄울 방법이 없습니다. 한 잔의 물을 방구석에 있는 비교적 낮은 곳에 부으면 그 고인 물은 작은 들풀 한 가닥을 배처럼 띄울 수 있을 것입니다. 그러나 술잔을 그 고인 물 위에 내려놓으면 바닥에 닿아 뜨지는 못할 것입니다. 술잔이 바닥에 닿아 뜨지 못하는 까닭은 배는 너무 크고 물은 너무 얕기 때문입니다.

바람이 두텁게 쌓이지 않으면 큰 날개를 지탱할 방법이 없다. 그러므로 구만 리를 올라야 바람이 그 아래 있게 된다.

風之積也不厚, 則其負大翼也無力. 故九萬里, 則風斯在下矣.

마찬가지로 충분히 두텁게 쌓인 바람이 있어야 비로소 커다란 붕새가 거대한 날개를 펼칠 수 있습니다. 바람이 충분히 두텁지 않으면 거대한 날개를 들어 올릴 방법이 없는 것이지요. 그래서 커다란 붕새가 날기 위해서는 구만 리 높은 하늘로 올라가야만 합니다. 붕새는 너무 크기 때문에 구만 리의 두터운 바람이 있어야만 비로소 떠오를 수가 있습니다.

그런 뒤에야 바람에 힘입어 푸른 하늘을 등에 지고서 꺾이거나 막히지 않게 되며, 그런 뒤에야 비로소 남쪽으로 날아가게 된다.

而後乃今培風, 背負靑天而莫之夭閼者, 而後乃今將圖南.

여기서 "그런 뒤에야"라는 구절이 두 번 이어 등장해 커다란 붕새가 높이 날아오를 수 있는 조건을 설명합니다. 충분히 두터운 바람을 아래에 깔고 그 바람을 타고 오르면 마치 푸른 하늘을 등에 진 것처럼 앞에 어떠한 장애물도 보이지 않게 되는데 이렇게 한 뒤에야 남쪽으로 갈 수 있다는 것입니다.

커다란 붕새는 크기 때문에 두터운 대기가 있어야만 비로소 날아오를 수 있습니다.

매미나 들비둘기는 그를 비웃으며 말한다. "나도 날기로 들면 박달나무나 느릅나무 꼭대기까지 이를 수 있어. 때때로 그에 이르지 못하면 땅으로 돌아오면 될 뿐이야. 어째서 구만 리까지 솟구쳐 남쪽으로 간다는 말이냐!"

蜩與學鳩笑之曰 "我決起而飛, 槍楡枋, 時則不至, 而控於地而已矣, 奚以之九萬里而南爲."

매미는 나무 위에 사는 작은 벌레이며 들비둘기는 작은 새에 불과합니다. 그들은 자기 입장에서 커다란 붕새를 비웃으며 말합니다.

"나는 기분이 나면 언제든 날 수 있고 근처에 높이 솟은 나무 꼭대기까지도 날아오를 수 있어. 때로는 거기까지 갈 수 없지만 결국 땅으로 돌아오면 될 일이야. 어째서 귀찮게 구만 리 하늘까지 날아올라 남쪽 끝까지 가야만 하는 건데?"

매미와 들비둘기는 나는 것을 아주 쉬운 일이라고 생각합니다. 그런 그들이 어디 커다란 붕새처럼 "유월의 숨"을 기다릴 필요가 있겠습니까? 또한 구만 리 높은 하늘까지 올라가서 그 먼 남쪽 땅으로 날아갈 필요가 있겠습니까?

교외에 간 사람은 세 끼만 먹고 돌아와도 배부른 것이 여전하다. 백 리를 가는 사람은 전날 곡식을 찧어 가루 식량을 만든다. 천 리를 가는 사람은 석 달 동안 식량을 챙긴다.

適莽蒼者, 三湌而反, 腹猶果然. 適百里者, 宿舂糧. 適千里者, 三
月聚糧.

가까운 교외에 나갈 때는 보통 먹는 세 끼 식사만 챙겨도
집으로 돌아올 때까지 배가 고프다고 느끼지 않습니다. 그러
나 백 리 먼 길을 가는 사람이라면 하루 전에 반드시 "가루 식
량"을 만들어야 하지요. 곡물을 절구에 찧어 가루로 만들어서
몸에 지니기 쉽도록 하는 것입니다. 천 리 먼 길을 가는 사람의
경우에는 더 말할 나위도 없겠지요. 출발하기 전에 석 달이라
도 시간을 들여 길에서 필요한 양식을 챙겨야 합니다. 거리가
다르면 준비도 다른 법입니다.

이 두 벌레가 또한 어찌 알겠는가! 작은 앎은 큰 앎에 미치지 못
하고 짧은 목숨은 긴 목숨에 미치지 못한다.

之二蟲又何知! 小知不及大知, 小年不及大年.

이 작은 두 동물이 대체 무엇을 알겠습니까! 다른 잣대에
는 다른 관점이 있고 다른 조건이 필요합니다. 작은 잣대로는

큰 잣대를 알기 어렵고, 그 사이에는 넘어설 수 없는 장애가 존재합니다. 우리는 언제나 자기 잣대로 다른 존재를 헤아립니다. "이 두 벌레"가 커다란 붕새를 비웃는 것처럼 말이죠.

어떻게 그것이 그러함을 아는가? 하루살이 버섯은 그믐과 초하루를 알지 못하며 매미는 봄과 가을을 알지 못한다. 이는 짧은 목숨이기 때문이다.

奚以知其然也? 朝菌不知晦朔, 蟪蛄不知春秋, 此小年也.

작은 것이 큰 것을 이해하지 못한다는 것을 어떻게 알 수 있을까요? 썩은 나무에서 자라는 버섯은 아침에 생겨났다가 저녁에 시들어 버려 당연히 달이 차고 이지러지는 변화를 알 수 없습니다. 그저 한 계절만을 살고 봄에 나서 여름에 죽거나 여름에 나서 가을에 죽는 매미가 어떻게 일 년 사계절의 변화를 알 수 있겠습니까? 이것이 바로 "짧은 목숨", 즉 생존 시간이 짧은 생명체가 지니는 한계입니다.

초나라의 남쪽에는 명령이 있는데 오백 년을 봄으로 삼고 오백 년을 가을로 삼았다. 아주 오랜 옛날에는 대춘이 있었는데 팔천 년을 봄으로 삼고 팔천 년을 가을로 삼았다.

楚之南有冥靈者, 以五百歲爲春, 五百歲爲秋. 上古有大椿者, 以
八千歲爲春, 八千歲爲秋. 而彭祖乃今以久特聞, 衆人匹之, 不亦
悲乎!

"긴 목숨"에 대한 이야기를 봅시다. 초나라보다 더 남쪽
에는 아주 오래 사는 바다거북이 있는데 그들의 일 년은 우리
의 일천 년에 해당한다고 합니다. 아주 오랜 옛날에 살았던 어
떤 나무의 일 년은 우리의 일만육천 년에 해당한다고 합니다.
장수라고 하면 사람들은 오래 산 사람으로 유명한 팽조彭祖를
꼽습니다. 그러나 명령이나 대춘과 비교한다면 팽조는 사실
가련할 정도로 짧은 목숨이라 할 것입니다.

장자는 먼저 "하루살이 버섯", "매미"를 예로 들어 "짧은
목숨"을 설명하고, 방향을 바꾸어 "긴 목숨"을 이야기하면서
자연스럽게 우리를 자극합니다. 사람이 산다는 것은 사실 "하
루살이 버섯"이나 "매미"보다 나을 것도 없고, 마찬가지로 "짧
은 목숨"이라는 것 그리고 마찬가지로 인간으로서 제한된 수
명 때문에 우리는 진정으로 "긴 목숨"에 대해 알 수 없다는 사
실을 말입니다.

스스로 무엇을 원하는지 분명히 알아야 한다

이어서 장자는 곤과 붕의 이야기를 되풀이합니다. 그러나 이번에는 이야기에 화려한 권위를 부여하지요. 이 권위를 위해 선택된 것은 다름이 아니라 상나라를 세운 탕湯 임금입니다.

탕 임금이 극에게 물은 것도 마찬가지일 따름이다. 궁발의 북쪽에 명해가 있는데 하늘 연못이다. 거기에 물고기가 있는데 그 너비는 몇천 리나 되고 그 길이를 아는 이가 없으니 그 이름을 곤이라 한다.

湯之問棘也是已. 窮髮之北, 有冥海者, 天池也. 有魚焉, 其廣數千里, 未有知其修者, 其名爲鯤.

기록에 따르면, 일찍이 상나라의 탕 임금은 지식이 풍부하고 지혜로운 신하 극棘에게 이 일에 대해 물었습니다. "窮髮"(궁발)은 척박하다는 뜻으로 가장 북쪽의 초목 지대를 가리킵니다. 이곳에 순수한 자연의 수역, 사람의 손이 닿지 않은 신비의 큰 바다가 있습니다. 그 바다에 너비가 몇천 리가 되는 물고기가 있는데 아무도 그 길이가 어떻게 되는지 알지 못합니다. 이 물고기의 이름이 "곤"입니다.

거기에 새가 있는데 그 이름을 붕이라 한다. 등은 태산과 같고 날개는 하늘에 드리운 구름과 같은데 회오리바람을 타고 빙글빙글 돌면서 구만 리 위로 올라간다. 구름을 끊고 푸른 하늘을 등에 진 뒤에야 남쪽으로 가고자 하며 또한 남명으로 간다.

有鳥焉, 其名爲鵬, 背若泰山, 翼若垂天之雲, 摶扶搖羊角而上者九萬里, 絕雲氣, 負靑天, 然後圖南, 且適南冥也.

여기에는 큰 물고기 '곤'이 거대한 새 '붕'으로 변한다는 말이 없습니다. 그 대신 직접 북명北溟에 "붕"이라고 하는 거대한 새가 있다고 말을 하지요. 이 새는 도대체 얼마나 클까요? 이 새의 등은 태산처럼 크고, 날개는 하늘에 드리운 구름같이 거대합니다. 이 날개를 퍼덕여 소용돌이 같은 회오리바람을 일으키고 원을 그리며 구만 리 높은 하늘로 날아오릅니다(여기서 "羊角"(양각)은 회오리바람이 양의 뿔처럼 빙글빙글 회전하는 모양을 묘사합니다). 그곳은 구름조차 닿을 수 없을 정도로 높은 하늘이지요. 뒤로는 푸른 하늘만이 펼쳐져, 마치 거대한 새가 하늘을 등에 지고 나는 것처럼 보입니다. 이렇게 "붕"은 남쪽에 있는 사람의 손이 닿지 않은 천연의 수역으로 갑니다.

연못 안의 작은 새가 비웃으며 말했다. "저이는 또 어디로 가는가? 나는 펄쩍 날아올라도 몇 길을 오르지 못하고 내려오며 쑥대밭 사이를 맴돌지만 이 또한 날 만큼 나는 것이라 할 수 있는데 저이는 또 어디로 가는가?" 이것이 작은 것과 큰 것의 차이이다.

斥鷃笑之曰 "彼且奚適也? 我騰躍而上, 不過數仞而下, 翱翔蓬蒿之間, 此亦飛之至也. 而彼且奚適也?" 此小大之辯也.

연못에서 살면서 몇 길 높이를 채 오르지 못하는 작은 새가 거대한 붕새를 비웃습니다. "저이는 도대체 어디를 가려고 하는 것인가? 나는 펄쩍 날아올라도 몇 킬로미터를 날지 못하고 곧 내려오며 풀숲 사이를 이리저리 날아다닐 뿐이지만 이역시 나는 것이라 할 수 있다. 난다는 것은 결국 이런 일일 뿐이다. 그런데 저이는 도대체 어디로 가려고 하는 것인가?" 작은 새는 두 번이나 "어디로 가는가?"라고 되풀이 물음으로써 거대한 붕새가 무엇을 하려는 것인지 전혀 알지 못한 채 도리어 붕새에 대한 경멸을 드러냅니다. 이야말로 우리가 스스로 이해하지 못하는 대상과 맞닥뜨렸을 때 자주 드러내는 반응이 아닐까요?

　이것이 바로 "작은 것과 큰 것의 차이"입니다. 오늘날의 개념을 사용하자면 이는 서로 다른 잣대와 크기를 넘어서는 '공약불가능성'●이라고 할 수 있을 것입니다. 특히 '작은' 잣대와 크기로는 '큰' 잣대와 크기의 문제에 깊이 다가갈 수 없는 법입니다.

　그러므로 지혜는 한 가지 벼슬을 감당할 만하고, 행실은 한 고을에서 견줄 만하며, 덕은 한 임금을 모시기에 적합해 한 나라의 신임을 받을 만한 사람이 그 자신을 보는 것 또한 이와 같다.

　故夫知效一官, 行比一鄕, 德合一君, 而徵一國者, 其自視也, 亦若此矣.

　그러므로 지혜는 관직 하나를 맡을 만하고 행실은 고을 한 곳에서 칭찬받을 만하여, 군주의 마음에 들고 그 나라에서 이름을 떨칠 만한 사람이 있다면, 그런 사람들이 자기 자신을 바라보고 평가하는 태도 또한 이 연못의 작은 새와 같을 것입

●현대의 과학과 과거의 과학을 같은 기준으로 비교할 수 없음을 가리키는 말로 과학철학자 토머스 쿤이 사용한 개념.

니다. 장자는 앞에서 사용한 과장된 묘사를 인간 세상으로 돌립니다. 그러나 그는 어떻게 '작은 것과 큰 것의 차이'를 인간 세상의 일에 적용하느냐의 문제에 중점을 두지 않습니다. 도리어 '작은 것과 큰 것의 차이'를 통해 인간 세상의 관념이 지닌 한계와 그 한계가 가진 말도 안 되는 오류를 보여 주고자 합니다.

송영자는 느긋한 미소로 그것들을 비웃었다.

而宋榮子猶然笑之.

약간의 견식이 있는 송나라의 "송영자"宋榮子도 이것이 황당함을 알고 있었지요. 송영자는 송견宋鈃 또는 송경宋牼이라 불리며, 장자보다 조금 앞선 시대의 사람입니다. 『순자』에도 "송자는 '경멸을 당하더라도 욕되지 않음을 밝히면 사람과 싸우지 않게 된다'라고 말했다"子宋子曰 "明見侮之不辱, 使人不鬪라는 구절이 있고, 『한비자』에도 "송영자의 주의는 싸우지 않는다는 논리를 세웠다"宋榮子之議, 設不鬪爭라는 구절이 있습니다. 『장자』「천하」에도 송견에 대한 평이 있습니다. "세속에 연연하지 않고 사물에 미혹되지 않으며 남에게 가혹하게 굴지 않고 대중을 원망하지 않는다. 천하의 안녕을 돌아보며 백성의 삶을 살리기 바라고 남과 내가 잘 살 수 있으면 만족하고 그치는데 이와 같이 함으로써 마음을 비운다. 고대의 이치와 학술에 이로부터 말미암은 것이 있는데 송견과 윤문尹文은 그 학풍을 듣고 그것을 즐겼다."不累於俗, 不飾於物, 不苟於人, 不忮於衆, 願天下之安寧, 以活民命, 人我之養, 畢足而止, 以此白心. 古之道術有在於是者. 宋鈃尹文聞其風而悅之.

종합해 보자면, 송영자의 기본 주장은 외부 세계의 관점에 신경 쓰지 않고 자기 내부의 안정과 안녕을 추구하는 것이었습니다. 그리함으로써 자연스레 다른 사람과 다툴 생각을 죽이고 스스로의 삶을 더욱 중시하게 된다고 보았습니다. 그러므로 송영자는 이미 세속의 지위나 명성에 급급하는 일을 하찮게 여기고 있었다고 할 수 있습니다.

송영자의 주장에 이어 이런 말이 나옵니다.

또한 세상 사람들이 모두 명예롭게 여기더라도 더 잘하려 애쓰지 않고, 세상 사람들이 모두 아니라고 여기더라도 그만두고자 하지 않는다. 안팎의 구분을 정하고 영예와 모욕의 경계를 가늠함이 이와 같을 따름이었다.

且舉世而譽之而不加勸, 舉世而非之而不加沮, 定乎內外之分,辯乎榮辱之竟, 斯已矣.

식견이 높고 지혜가 있는 사람이라면, 온 천하 사람이 그를 칭찬하더라도 이 때문에 고무되고 분발하지 않으며, 온 천하 사람이 그에게 반대하더라도 이 때문에 좌절하거나 실의에 빠지지 않습니다. 이러한 사람은 무엇이 '안'에 속하고 무엇이 '밖'에 속하는지 잘 알며, 자신의 내면이 세상의 칭찬이나 험담보다 훨씬 중요한 까닭에 혼란에 빠지지 않습니다. 영예와 모욕의 근본을 분명히 알고 있어 쉽사리 흔들리지 않는 것입니다. 이러한 사람은 앞에서 말한 그 사람들보다 당연히 뛰어나다고 할 수 있지요.

그러나 아직은 가장 좋은 경지에 이르렀다고 할 수 없습니다.

그들은 세상에 살면서 급급하게 마음을 쓰지 않았다. 비록 그러하기는 하여도 아직 완전하지는 못했다. 열자는 바람을 타고 다니며 가볍고 묘하게 날기를 잘했는데 보름이 지난 뒤에야 돌아오곤 했다.

彼其於世, 未數數然也. 雖然, 猶有未樹也. 夫列子御風而行, 泠

86

然善也, 旬有五日而後反.

이러한 사람은 세상사에 연연하지 않으며 모든 일에 쩨쩨하게 굴지 않습니다. 그래도 부족합니다. 그들은 여전히 어디엔가 마음을 의지하고 있는 상태입니다. 외부의 어떤 것에도 의지하지 않는 나무처럼 스스로 우뚝 솟는 경지까지는 이르지 못했지요. 잣대와 크기의 관점에서 본다면, 더 높고 더 큰 경지, 마치 열자列子가 이른 것과 같은 경지가 있습니다. 열자는 바람을 타고 날아오를 수 있는데 몸이 가볍고 아름다워, 한번 바람을 타고 떠나면 보름 만에야 돌아왔습니다. 그는 세속적인 삶의 조건을 거의 필요로 하지 않습니다. 앞에서 말한 것처럼 "영예와 모욕의 경계를 가늠하는" 사람보다 더욱더 스스로 굳게 서 있는 셈입니다.

그러나 아직도 가장 좋은 경지가 아닙니다.

그는 세상의 행복을 구하고자 마음을 졸인 적이 없었다. 이는 비록 걸어 다니는 일을 면하기는 하였어도 아직 기다리는 바가 있다. 하늘과 땅의 바름을 타고 천지 사방의 변화를 통제함으로써 무궁한 경계를 노니는 사람이라면 또한 무엇을 기다리겠는가!

彼於致福者, 未數數然也. 此雖免乎行, 猶有所待者也. 若夫乘天地之正, 而御六氣之辯, 以遊無窮者, 彼且惡乎待哉!

열자는 이러한 차원에 속하는 사람이었습니다. 더 이상 인간 세상의 좋은 점을 추구하지 않았습니다. 이는 그의 장점이었습니다. 그는 이미 인간 세상의 환경에 구애되지 않았고, 인간 세상과 약간의 거리를 두고 있었으며, 언제든지 바람을 타고 날아올라 한번 떠나면 오래도록 돌아오지 않았습니다. 그는 더 이상 땅이 있어야만 걸어 다닐 수 있는 보통 사람의 조건에 영향을 받지 않았지만, 역시 하늘의 조건에는 제한을 받았지요. 바람이 불어오기를 기다려야만 했으니까요. 바람의 힘이 있어야 비로소 "바람을 타고 다닐" 수 있었으니까요.

그리고 그보다 더 굉장한 경지가 있습니다. 이러한 사람들은 바람을 기다릴 필요도 없습니다. 그들은 하늘과 땅의 이치에 따라 언제든 해와 달과 바람과 비, 어둠과 밝음 또는 동서남북과 위아래 천지 사방의 기운을 마음대로 부릴 수 있으니까요. 어떠한 제한도 받지 않고 거닐 수 있으며 어떤 조건에도 전혀 맞출 필요가 없습니다. 수동적으로 무엇인가를 기다리거나 맞추도록 애쓸 필요가 없는 것이지요!

그러므로 말한다. "지인에게는 자기가 없으며 신인에게는 공로가 없고 성인에게는 이름이 없다."

故曰 "至人無己, 神人無功, 聖人無名."

이러한 사람이 바로 "지인"至人이며 "신인"神人이고 "성인"聖人입니다. 그는 아무것도 바라지 않으며 아무것에도 의지하지 않습니다. 자아가 없고 육체 조건의 제약을 받지 않기 때문에 "지인"이 될 수 있지요. 노력을 할 필요도 없고 공로를 세우고자 애쓰지도 않지만 세상 만물을 만들어 낼 수 있으니 "신인"입니다. 다른 사람이 뜻을 이룰 수 있도록 해 주지만 어떠한 명성도 굳이 바라지 않으므로 비로소 진정한 "성인"인 것이지요.

"지혜는 한 가지 벼슬을 감당할" 등급에 속하는 사람이 있고, "영예와 모욕의 경계를 가늠하는" 등급에 속하는 사람이 있으며, "바람을 타고 다니며 가볍고 묘하게 날기를 잘하는" 등급에 속하는 사람이 있습니다. 그리고 가장 위에는 "지인, 신인, 성인"의 등급에 속하는 사람이 있지요. 이것이 "작은 앎"과 "큰 앎"의 차이로, "작은 앎"을 가진 낮은 등급의 사람은 이해의 잣대와 크기가 훨씬 더 큰 "큰 앎"을 가진 사람을 이해할 수 없습니다.

이어서 장자는 '요堯임금'와 '허유'許由를 예로 들어 좀 더 설명합니다. 요임금은 동주의 주류 문화에서 공인하는 최고 지위의 사람이자 가장 위대한 업적을 이룬 성군입니다. 이러한 주류 문화의 전통에 속하지 않는 장자는 특별히 이 요임금을 예로 들어 주류 문화의 부족함을 보이려 했지요.

요가 허유에게 천하를 양보하고자 말했다. "해와 달이 나오는데 햇불이 꺼지지 않는다면 그 빛에 비교해 또한 헛되지 않겠습니까! 때맞춰 비가 내리는데 물을 댄다면 그 적시는 혜택에 비교해 또한 소용없지 않겠습니까! 그대가 임금이 되면 천하가 잘 다스려질 텐데 내가 신주와 같이 모셔지고 있습니다. 나는 나를 부족하게 여깁니다. 부디 천하에 나서 주십시오."

堯讓天下於許由, 曰 "日月出矣, 而爝火不息, 其於光也, 不亦難乎! 時雨降矣, 而猶浸灌, 其於澤也, 不亦勞乎! 夫子立而天下治, 而我猶尸之, 吾自視缺然, 請致天下."

요임금은 천하를 다스리는 제왕의 지위를 허유에게 양보하고자 합니다. 허유가 자신보다 훨씬 대단하고 자격이 있다고 여기기 때문이지요. 요임금이 허유에게 말합니다. "해와 달이 비추는데 사람이 켠 횃불을 비교하면 그 빛이 비추는 효과는 실로 우스운 것이며 열없는 것입니다. 하늘에서 비가 내리는데 다시 논밭에 도랑의 물을 대며 이를 비교하고자 한다면 논밭을 적시는 효과는 실로 우스운 것이며 열없는 것입니다. 그대처럼 이토록 대단한 사람이라면 그저 살아 있는 것만으로도 천하를 안정시킬 수 있을 터인데 나와 같은 사람이 이 자리를 차지하고 있으니 어찌 마찬가지로 우습고도 열없는 일이 아니겠습니까? 저는 스스로 능력이 부족하다는 것을 압니다. 그래서 받들어 천하를 그대에게 드리고자 합니다."

원문의 "尸"(시)는 조상의 대리자입니다. 오늘날 우리는 조상께 제사를 드릴 때 신주가 적힌 위패 앞에서 절을 합니다. 고대에는 위패가 없었지요. 그래서 특별한 사람을 한 명 찾아 제사를 받는 조상을 대신하게 했는데 이런 사람을 가리키는 말입니다.

허유가 말했다. "그대가 천하를 다스리니 천하가 이미 잘 다스려졌습니다. 그런데 내가 그대를 대신한다면 나더러 장차 이름을 구하라는 것입니까? 이름이라는 것은 실질의 손님과 같습니다. 나더러 장차 손님이 되라는 것입니까?"

許由曰 "子治天下, 天下旣已治也. 而我猶代子, 吾將爲名乎? 名者, 實之賓也, 吾將爲賓乎?"

천하를 양보하겠다는 요임금의 제의에 허유는 이렇게 대답합니다. "당신이 천하를 다스리면서 이미 천하는 잘 다스려졌습니다. 내가 당신을 대신한다고 해도 다른 결과가 나타나지 않을겁니다. 내가 왜 그런 일을 하겠습니까? 천하를 잘 다스렸다는 명성을 얻기 위해 그리하겠습니까? 실질은 주인이고 명성은 손님입니다. 설마 내가 스스로 주인이 되는 길을 버리고, 주인이 될 수 없는 손님 같은 존재로 살겠습니까?"

요임금은 천하를 다스리는 일을 무엇보다 중요하게 여겨, 자신보다 더 대단한 사람을 찾아 그에게 천하를 맡기고자 하지요. 그러나 한층 더 '큰 앎'을 지닌 허유가 보면 천하를 다스리는 일 따위가 얼마나 중요하며 얼마나 어려운 일이 되겠습니까! 요임금의 능력은 이미 천하를 잘 다스리기에 충분하므로 허유에게 천하를 넘겨준다고 해도 다른 결과가 나오지는 않을 겁니다. 그렇다면 요임금이 허유에게 넘겨줄 수 있는 것은 천하를 다스린다는 명성과 제왕의 자리에 있다는 명성뿐입니다. 잣대와 크기가 작은 사람에게 이러한 명성은 무척 중요하겠지만, 허유에게 명성은 "마음을 졸이며" 추구할 가치가 없는 일이었습니다. 게다가 그 일은 스스로 주인이 되는 삶을 빼앗는 올가미이기도 했지요.

"뱁새가 깊은 숲 속에 둥지를 틀어도 기껏해야 가지 하나이고, 두더지가 강물을 마셔도 기껏해야 자기 배를 채우는 정도입니다. 돌아가 쉬십시오, 임금님! 나는 천하를 위해 아무 쓸모가 없습니다. 요리사가 부엌일을 잘하지 못한다 해도 신주로 모셔지는 사람이나 기도를 올리는 사람이 제기를 가지고 부엌일을 대신하지는 않는 법입니다."

"鷦鷯巢於深林, 不過一枝. 偃鼠飲河, 不過滿腹. 歸休乎君! 予無所用天下爲. 庖人雖不治庖, 尸祝不越樽俎而代之矣."

이어서 허유는 말합니다. "뱁새처럼 작은 새가 나무로 가득한 숲 속 깊은 곳에 둥지를 짓는다고 합시다. 주변에는 수억수천의 나뭇가지가 있지만 뱁새는 그 가운데 단 한 가지만을 고를 수 있습니다. 그 새에게 수많은 나뭇가지가 다 무슨 소용이겠습니까? 두더지가 강물로 가서 물을 마신다고 합시다. 강에는 물이 또 얼마나 많습니까? 그러나 두더지가 아무리 들이 마신다 해도 기껏해야 제 배를 불리는 정도입니다. 그 많은 물이 그에게 다 무슨 소용이겠습니까? 돌아가십시오! 천하는 내게 아무런 의미가 없습니다. 내게 필요하지도 않은 일이며 내가 선택할 이유가 없는 일입니다. 요리사가 음식을 만들지 못한다고 하더라도 신명을 모시며 제사를 주관하는 사람이 부엌으로 가서 술잔과 제기를 챙기며 요리사를 대신해 부엌일을 하지는 않는 법입니다."

핵심은 둥지를 지을 나뭇가지를 찾는 데 있지, 그곳이 얼마나 큰 숲인지 또는 나무가 몇만 그루나 있는지는 따질 필요도 자랑할 필요도 없습니다. 수만 그루의 나무는 외부에 있는 것이고 나 자신과는 직접적인 관계가 없습니다. 마찬가지로, 목마름을 풀어 줄 물만 있으면 되는 작은 두더지에게 좁은 수로의 물과 황하의 강물이 무슨 차이가 있겠습니까?

중요한 점은 나 자신이 누구인가, 무엇을 원하는가 하는 것이지, 외부의 환경이 나에게 무엇을 줄 수 있는가가 아닙니다. 내가 원하는 것이 아니라면 제아무리 많든 제아무리 좋든 짐만 될 뿐 전혀 의미가 없습니다. 설사 요임금이 더 이상 천하를 다스리고자 하지 않았더라도 허유에게 그 일을 대신 맡게할 수는 없는 법입니다. 다른 사람은 제왕의 지위가 무척 중요하며 대단하다고 생각할지 모르지만 허유는 자신이 그 자리를

원하지 않는다는 것을 알았고, 그래서 원치 않았습니다. 이것
이 바로 "안팎의 구분을 정하고 영예와 모욕의 경계를 가늠하
는" 경지의 구체적인 모습입니다.

신인은 인간의 상식에 가깝지 않다

주류 문화에서 대단한 모범이 되는 사람조차 장자의 눈에
는 '작은 앎'에 지나지 않았습니다. 게다가 가장 낮은 차원의
'작은 앎'이라고 할 수 있지요. 허유와도 비교할 수 없으니 허유
보다 잣대와 크기가 더 큰 사람과는 더욱 비교할 수 없습니다.

그래서 장자는 곧이어 '신인'에 대해 이야기합니다.

견오가 연숙에게 물었다. "내가 접여에게 들은 말은 너무 커서
가당치 않았고 가기만 하고 돌아오지 않는 듯했소이다. 나는 그
말이 놀랍고 두려워 은하와도 같이 한이 없는 듯 느껴졌지요.
좁은 길과 넓은 뜰처럼 차이가 커서 인간의 상식에 가깝지 않았
소이다."

肩吾問於連叔曰 "吾聞言於接輿, 大而無當, 往而不反. 吾驚怖其言, 猶河漢而無極也. 大有逕庭, 不近人情焉."

"견오"肩吾 와 "연숙"連叔 은 모두 장자가 정보를 전달하기 위해 지어낸 가상의 인물이니 깊이 생각할 필요가 없습니다. "접여"接輿 는 춘추 시대 초나라 땅에 살았던 '광인'狂人 으로 세속을 멸시하고 다른 사람과는 전혀 다른 가치관을 지니고 있어 이름이 높았습니다. 견오는 연숙에게 이렇게 말합니다. "내가 접여의 말을 들었는데 과장이 심하여 끝을 모르고 극단까지 나아가 도무지 줄지 않았습니다. 나는 그 말을 듣고 너무 놀라서 두렵기까지 하더군요. 마치 하늘의 은하수가 끊이지 않고 콸콸 흐르는 모습을 눈앞에서 본 듯했습니다. 내가 알고 있는 세계나 그 이치와는 통하지 않아, 듣고 있으려니 실로 인간 세상의 말이 아닌 듯했습니다."

연숙이 말했다. "그 말이 어떠하기에 그렇소?" 말하기를, "막고 야산에 신인이 머물고 있는데 그 피부가 얼음이나 눈과 같고 아름답기는 처녀와 같다고 합니다. 오곡을 먹지 않으며 바람을 들이키고 이슬을 마신다지요. 구름을 타고 하늘을 나는 용을 부리며 사방의 바다 밖까지 마음대로 노닌답니다. 그 정신이 맺히면 만물이 상하거나 병드는 일이 없고 해마다 곡식이 잘 여문다고 합니다. 저는 이것을 헛소리라고 여기고 믿지 않았습니다"라고 하였다.

連叔曰 "其言謂何哉?" 曰 "藐姑射之山, 有神人居焉, 肌膚若冰雪, 綽約若處子, 不食五穀, 吸風飲露. 乘雲氣, 御飛龍, 而遊乎四海之外. 其神凝, 使物不疵癘而年穀熟. 吾以是狂而不信也."

연숙이 곧 물어봅니다. "그가 무슨 말을 했기에 그렇습니까? 어째서 그대는 그런 생각을 했습니까?" 견오는 접여에게 들은 말을 전합니다. "막고야산 위에 '신인'이 살고 있답니다. 그의 피부는 마치 얼음이나 눈과 같이 맑고 깨끗하며 겉으로 보기에는 마치 어린 소녀처럼 어여쁘다고 합니다. 곡식을 전혀 먹지 않으며 배가 고프면 바람을 들이키고 목이 마르면 이슬을 마신답니다. 그는 마치 수레를 타듯이 구름에 앉고 말을 타는 것처럼 하늘을 나는 용에 올라타 아주 먼 곳까지 자기 마음 가는 대로 노닌다고 합니다. 그저 마음과 정신을 한데 쏟아 붓는 것만으로도 그 대상을 상하지 않고 병들지 않게 만들 수 있으며 곡물이 제대로 여물어 거두어지도록 할 수 있답니다. 나는 이런 말들이 너무도 황당하여 거짓으로 여겼고 전혀 상식적이지 않다고 생각했습니다. 그래서 도무지 믿을 수가 없었지요." 원문의 "狂"(광)은 거짓말 혹은 헛소리라는 뜻의 "誑"(광)과 통합니다.

연숙이 말했다. "그렇소. 장님은 무늬의 아름다움을 함께할 수 없고 귀머거리는 악기의 소리를 함께할 수 없다오. 어찌 육체의 귀머거리, 장님만 있겠소? 앎에도 귀머거리, 장님이 있다오. 이 말은 때때로 당신에게도 마찬가지일 것이오."

連叔曰 "然. 瞽者無以與乎文章之觀, 聾者無以與乎鍾鼓之聲. 豈唯形骸有聾, 盲哉? 夫知亦有之. 是其言也, 猶時女也."

연숙이 듣더니 먼저 "그렇지요!"라고 말합니다. 마치 견오의 의견에 동의하고 접여의 말을 믿을 만한 가치가 없는 거짓으로 생각하는 것처럼 말이지요. 그러나 계속 듣다 보면 비로소 이 말이 원래 풍자였다는 사실을 알게 됩니다. "장님은 눈이 보이는 사람처럼 화려하고 아름다운 무늬와 빛깔을 알아볼 수 없으며, 귀머거리는 귀가 들리는 사람처럼 악기의 아름답고 뛰어난 음악을 즐길 수 없습니다. 어디 육체의 감각 기관에만 장님과 귀머거리가 있겠습니까? 사람 마음속의 '앎'에도 장님과 귀머거리가 있지요. 사람 마음속의 '앎'에 있는 장님과 귀머거리는 아마 그대와 같을 겁니다! 그대에게 그러한 마음의 지혜와 능력이 없으니 접여의 말을 '헛소리'라 여기고 믿지 못하는 것이지요!"

"그 사람과 그 사람의 덕은 만물을 하나로 어우러지게 하니, 세상 사람들은 그가 다스려 주기를 바라지만, 누가 굳이 천하를 일로 삼고자 애쓰겠소?"

"之人也, 之德也, 將旁礴萬物以爲一, 世蘄乎亂, 孰弊弊焉以天下爲事?"

연숙은 계속해서 말합니다. "이런 사람의 이런 특징, 그 정신은 습지가 넘쳐흐르는 것처럼 만물을 한데 어우러지게 하며, 한데 어우러지게 하는 가운데 자연스럽게 질서가 잡히도록 합니다. 그런 사람이 어째서 구태여 천하를 다스리는 일에 마음을 쓰고자 하겠습니까?" 여기서 "亂"(란)은 반어적으로 사용된 것으로 다스려져 질서가 잡힌다는 뜻의 "治"(치)와 통합니다. '신인'과 보통 사람의 가장 큰 차이점은 구태여 다스리고자 애쓸 필요가 없다는 데 있습니다. 자연에 맡겨 질서를 이루고 드러내게 하지요. 견오에게는 다른 차원의 아름다운 진리를 보고 듣기에 충분한 '큰 앎'이 없었기에, 그저 세속적인 인간의 상식으로 이해할 수밖에 없었습니다. 그리하여 "인간의 상식에 가깝지 않다"라고 여겼던 것이지요. '신인'의 도는 원래 인간의 도와는 다르며 서로 가까울 수 없는 법입니다.

"만물은 그 사람을 상하게 할 수 없소. 큰물이 져서 하늘까지 닿아도 잠기게 할 수 없고, 큰 가뭄이 들어 쇠와 돌이 녹아내리고 흙산이 타 버린다 해도 뜨겁게 달굴 수 없소. 그 사람은 티끌이나 쭉정이로도 요순과 같은 성군을 빚을 수 있을 터인데, 어찌하여 만물을 다스리는 것을 일로 삼겠소?"

"之人也, 物莫之傷. 大浸稽天而不溺, 大旱金石流, 土山焦而不熱. 是其塵垢粃糠, 將猶陶鑄堯舜者也, 孰肯以物爲事?"

연숙은 또 말합니다. "이런 사람은 어떤 사물로도 상하게 할 수 없습니다. 하늘에 닿을 듯이 홍수가 밀려와도 '신인'은 빠져 죽지 않을 것이며, 가뭄이 들어 쇠나 돌을 녹이고 흙산까지 타더라도 '신인'은 메말라 죽는 일이 없을 것입니다. '신인' 같이 차원이 다른 사람이라면 자기 몸에 붙은 티끌이나 쓸데

없는 쓰레기를 가지고도 요임금이나 순임금과 같은 성군을 만들 수 있습니다. 이런 사람이 어찌 굳이 '만물'에 힘을 들이겠습니까?" 연숙은 여기서 '신인'이 원래부터 '만물'을 다루는 데 굳이 마음을 쓰지 않기에, "그 정신이 맺히면 만물이 상하거나 병드는 일이 없고 해마다 곡식이 잘 여문다"라고 설명합니다. 더할 나위 없이 자연스럽고 당연한 일인데 "헛소리"라고 호들갑을 떨 것이 대체 어디 있겠습니까?

"송나라 사람이 장보관을 팔기 위해 월나라로 갔지만 월나라 사람들은 머리를 짧게 자르고 몸에 문신을 하였으므로 그것을 사용할 데가 없었소. 요임금이 천하의 백성을 다스리고 나라의 정치를 평안하게 하였으나, 그 네 사람을 만나러 분수 북쪽의 막고야산으로 갔더라면 그 천하를 잊고 말았을 것이오."

"宋人資章甫而適諸越, 越人斷髮文身, 無所用之. 堯治天下之民, 平海內之政, 往見四子藐姑射之山, 汾水之陽, 窅然喪其天下焉."

연숙은 또 송나라 사람이 했던 어리석은 일을 예로 들어 비유합니다. 장자는 자기도 송나라 사람이면서 예를 들 때는 전국 시대의 습관에 영향을 받았습니다. "송나라 사람이 공식적인 큰 예식에 사용하는 관모冠帽를 가지고 남쪽에 있는 월나라에 가서 장사를 하려고 했습니다. 그러나 그곳 사람들은 머리칼을 짧게 깎고 맨살에 문신을 새기고 있어, 중원 사람과 몸차림이 완전히 달라 송나라 사람이 가지고 간 관모는 아무 짝에도 쓸데가 없었습니다." 우리가 중요하게 여기고 쓸모 있어 한다고 다른 사람도 분명히 그러리라 여겨서는 안 됩니다. "요임금은 천하를 잘 다스렸고 정사를 잘 돌보아 나라 안을 안정시켰습니다. 그러나 만약 그가 어느 날 다스리던 나라의 경계를 떠나 분수汾水 북쪽에 있는 막고야산으로 가서 '신인'들을 만나게 된다면, 천하를 소유하여 '천하의 백성을 다스리고 나라의 정치를 평안하게 함'은 그리 대단한 일도 아니고 그리 큰 가치를 지니는 일도 아니며 자랑할 만한 일도 아니라는 사실을 문득 깨닫게 될 것입니다."

　　장자는 '작은 것과 큰 것의 차이'를 통해 우리가 기존의 가치에 대해 지니고 있던 집착으로부터 자유로워지도록 해 줍니다. 주류 문화가 긍정하고 자랑스러워하는 것이 정해진 잣대와 크기에서 나온 결과라는 점을 깨닫게 해 주지요. 우리가 잘 알고 익숙하게 사용하는 잣대와 크기 외에도 다른 잣대와 크기가 있으며, 특히 종종 우리가 볼 수도 만질 수도 없을 정도로 더욱 큰 잣대와 크기가 있습니다. 그리고 이렇게 더욱 큰 잣대와 크기의 관점에서 가늠해 보면, 우리가 중요하다고 생각하는 일은 더 이상 그리 중요하지 않게 됩니다.

쓸모없는 것이 아니라 쓸 줄 모르는 것이다

이어서 장자는 한 걸음 더 나아가, 우리를 단일한 잣대와 크기로 옭아매는 가장 큰 속박인 '쓸모'에 대한 생각을 치워 버립니다.

혜시가 장자에게 말했다. "위나라 왕이 내게 큰 박 씨를 주었네. 내가 그것을 심어 키우니 다 자라서 다섯 섬들이 열매를 맺었지. 물을 담으려니 너무 커서 스스로 서 있지를 못하더군. 잘라서 표주박으로 만들었으나 물을 흘려 담을 수가 없었네. 그 속이 훤히 비어 충분히 크지 않은 것은 아니나, 쓸모없다고 여겨 부수어 버렸다네."

惠子謂莊子曰 "魏王貽我大瓠之種, 我樹之成, 而實五石, 以盛水漿, 其堅不能自舉也. 剖之以爲瓢, 則瓠落無所容. 非不呺然大也, 吾爲其無用而掊之."

장자의 좋은 친구 혜시가 장자에게 이렇게 말했습니다. "위나라 왕이 내게 커다란 박의 씨를 주었다네. 그 씨를 심고 잘 키워서 물을 3~4리터까지 담을 수 있는 커다란 박이 열렸지. 그 큰 박에 물을 담으려니 너무 커서 어찌할 도리가 없었어. 계속 넘어지기만 하고. 그래서 이번에는 잘라서 표주박으로 쓰려고 했는데 물을 뜨면 물의 무게를 견디지 못하고 휘어져 물을 쏟아 버리는 거야. 아예 물을 담을 수가 없었던 거지. 이 박은 크기는 무척 크지만 쓸모가 없어서 부숴 버리고 말았다네."

이 이야기는 우언이며 요점은 박의 '크기'에 있습니다. 보통 박의 잣대와 크기에 비해 훨씬 큰 크기이지요. 장자는 혜시가 장자 자신이 앞서 말한 "작은 것과 큰 것의 차이"의 주장에 도전한다는 설정을 한 것입니다. '크'면 다냐? 큰 박은 너무 커서 사람을 화나게 하는데!

이것이 앞서 이야기했던 전국 시대의 웅변 스타일입니다. 장자는 독자가 자기의 말을 그리 쉽게 받아들이리라고 전혀 믿지 않았습니다. 그가 무슨 말을 한다고 독자가 그 말을 믿는 것이 아닙니다. 독자는 설득을 필요로 했지요. 이런 독자가 전국 시대 저자들이 마주한 상대였습니다. 『논어』에 나오는 공자의 제자나 정치에 대해 묻는 군주처럼, 인내심을 가지고 예의 바르게 지혜의 목소리가 들리기를 고대하고 곧바로 경건한 마음으로 받아들였던 사람과는 전혀 달랐습니다.

전국 시대는 종횡가가 곳곳에서 유세를 펼치던 시절이었고, 청중도 교묘한 언변을 수없이 들은 까닭에 쉽게 그런 말을 믿지 않았습니다. 자기 의견을 상대에게 이해시키고 받아들이도록 하려면 다양한 웅변의 재능을 발휘해야만 했습니다.

다른 사람이 물을 수 있는 예리한 질문을 미리 가정하는 것은 웅변 기술에서 자주 사용되는 수법입니다. 가장 치명적일 것 같은 반대 의견을 내세워, 독자가 그 의견에 동의하며 고개를 끄덕이게 하면 제일 좋습니다. '그래, 나도 그렇게 생각했어. 어떻게 대답하나 보자!' 그렇게 하여 반대 의견을 솜씨 좋게 반박하면 독자는 당연히 그의 말에 설득되는 것입니다.

혜시는 커다란 박으로 장자를 놀립니다. '큰 것'이 뭐가 좋은가? '커서' 도리어 쓸모가 없지 않은가!

장자는 어떻게 대답했을까요?

장자가 말했다. "그대는 큰 것을 쓰는 데 정말 서툴군."

莊子曰 "夫子固拙於用大矣."

장자는 혜시에게 이렇게 말합니다. "어휴, 자네는 아직도 어떻게 '큰 것'을 써야 하는지 모르는 건가?" 그런 뒤에 그는 혜시에게 또 다른 우언을 들려주지요.

"송나라 사람 가운데 손이 트지 않는 약을 잘 만드는 이가 있어 대대로 솜 빠는 일을 업으로 삼았다네."

"宋人有善爲不龜手之藥者, 世世以洴澼絖爲事."

역시 어떤 바보의 이야기입니다. 그래서 주인공은 여전히 "송나라 사람"이지요. "어떤 송나라 사람이 겨울에 물을 만져도 살갗이 트지 않게 하는 약을 잘 만들 줄 알았다네. 그래서 집안 대대로 솜을 빠는 일을 했지." 솜을 빨려면 손을 내내 물에 담그고 있어야 해서 겨울에도 손을 물에서 뗄 수가 없습니다. 이런 약이 있으니 그 사람은 살갗이 틀 걱정을 하지 않았을 테고 그 일을 하기에도 좋았겠지요.

"나그네가 그 말을 듣고 그 기술을 백금에 사기로 했다네. 그는 가족을 모아 상의하며 말했지. '우리 가족은 대대로 솜 빠는 일을 업으로 삼았지만 몇 푼을 버는 데 그쳤는데, 오늘 그 기술을 팔아 백금에 얻을 수 있다니 그것을 내주도록 하자.'"

"客聞之, 請買其方百金. 聚族而謀曰 '我世世爲洴澼絖, 不過數金. 今一朝而鬻技百金, 請與之.'"

어떤 외지인이 그 일을 알고 백금에 그들의 비방을 사겠다고 했습니다. 이 사람은 틀림없이 영리한 사람일 것입니다. 그래서 '송나라 사람'이 아니라 "나그네"인 것이지요. 이 송나라 사람의 일가는 모두 모여 상의 끝에 이렇게 결정합니다. "우리 가족은 대대로 이 일을 해 왔지만 도대체 몇 푼이나 벌었나? 이제 약의 비방을 팔아넘기면 몇십 배나 되는 보수를 받을 수 있으니 당연히 팔아야 한다."

"나그네는 그것을 얻어 오나라 왕에게 유세하러 갔네. 월나라에서 전쟁을 일으키자 오나라 왕은 그를 장수로 삼았고, 겨울에 월나라 사람과 물에서 싸워 월나라 사람을 크게 이겼다네. 왕은 땅을 나누어 그에게 봉해 주었지. 손이 트지 않도록 하기는 한

가지이나 어떤 사람은 봉지를 받고 어떤 사람은 솜 빠는 일을
면치 못하니, 쓰는 방법이 다른 까닭이라네."

"客得之, 以說吳王. 越有難, 吳王使之將. 冬與越人水戰, 大敗越
人, 裂地而封之. 能不龜手, 一也. 或以封, 或不免於洴澼絖, 則所
用之異也."

외지인은 약의 비방을 가지고 오나라로 가서 일자리를 구
합니다. 오나라와 월나라 사이에 분쟁이 일어나자, 오나라 왕
은 그에게 군대를 이끌고 겨울에 월나라 사람과 수전水戰을 벌
이도록 합니다. 그는 병사들에게 손이 트지 않는 약을 쓰게 했
고 병사들은 차갑게 얼어붙은 물을 겁내지 않고 싸워 큰 승리
를 거두었지요. 오나라 왕은 그에게 포상으로 땅을 나눠 주었
습니다. 장자는 이어서 말합니다. "손이 트지 않는 약의 비방
은 같은 것이지만, 어떤 사람은 그것으로 큰 공을 세웠고 어떤
사람은 대대로 솜을 빠는 낮은 일에서 벗어나지 못했으니, 이
런 차이는 약의 비방 자체가 아니라 쓰는 방법이 다른 데서 비
롯된 것이네. 그 비방을 큰 곳에 크게 쓰는 사람도 있고, 그 비
방을 작은 곳에 작게 쓰는 사람이 있는 게지!"

"지금 그대는 다섯 섬들이 박을 가지고 있으면서 어찌 큰 술통으로 삼고 강과 호수를 떠다닐 생각을 하지 않는가? 그러면서 그 박이 늘어져 아무것도 담을 수 없다고 걱정을 하니 그대는 쑥대 같은 마음을 가졌군!"

"今子有五石之瓠, 何不慮以爲大樽而浮乎江湖? 而憂其瓠落無所容, 則夫子猶有蓬之心也夫!"

원문의 "樽"(준)은 나무로 만든 술통으로 속이 비어 있는 까닭에, 사람들은 강을 건너야 할 때 이 통 몇 개를 몸에 묶어 그 부력에 기대어 안전을 꾀하곤 했습니다. 장자는 혜시에게 이렇게 말합니다. "지금 자네가 그토록 큰 박을 가졌다면 왜 박을 강을 건너는 데 쓸 생각을 하지 않는가? 그렇게 한다면 큰 강과 호수라도 물에 빠질까 걱정할 필요 없이 물 위를 떠다닐 수 있을 걸세. 이처럼 유용한 구명 도구를 가지고 있으면서 쓰는 방법을 모르고 큰 박을 표주박으로 쓰면 굽는다고 걱정만 하고 있군. 내가 보니 자네는 쑥대 사이를 뛰어다니는 작은 새 같은 눈으로 세상 만물을 보고 있군그래!"

큰 것에는 큰 기준이 있고 큰 쓸모가 있습니다. '작은 앎'의 눈으로는 더 탁 트인 안목으로 '큰 것'을 볼 수 없기 때문에 당연히 '큰 것'의 쓸모를 알 수 없습니다. 장자가 말한 '작은 것'과 '큰 것'은 수량의 많고 적음이 아니라 차라리 서로 다른 잣대와 크기에서 일어나는 질적 변화를 가리킵니다. '작은 것'과 '큰 것' 사이에는 '공약불가능성'이 있지요. 작은 박의 방식을 큰 박에 적용하는 것은 여전히 '작은 것'이므로, '큰 것'의 쓰임을 헤아릴 길이 없는 것이 당연합니다.

그래도 혜시는 완전히 설득되지 않습니다. 어쩌면 장자는 독자가 이 정도로는 마음속의 의문을 완전히 지울 리 없다고 생각했겠지요. 그는 계속해서 웅변술을 펼쳐 남아 있는 불신을 없애고자 합니다. 그리하여 혜시의 입을 빌려 도발적인 우언을 한 가지 더 이야기합니다.

혜시가 장자에게 말했다. "내게 큰 나무가 있는데 사람들이 가죽나무라 부른다네. 그 큰 줄기는 옹이가 져서 먹줄을 맞출 수 없고, 작은 가지는 돌돌 말려서 자를 댈 수 없지. 길가에 서 있는데도 목수들이 돌아보지 않네. 지금 그대의 말도 크기만 하지 쓸모가 없어서 사람들이 마찬가지로 지나칠 걸세."

惠子謂莊子曰 "吾有大樹, 人謂之樗. 其大本擁腫而不中繩墨, 其小枝卷曲而不中規矩, 立之塗, 匠者不顧. 今子之言, 大而無用, 衆所同去也."

혜시는 계속 어깃장을 놓으며 말합니다. "자네는 큰 박에 '큰 것'의 쓸모가 있다고 말하는군. 그럼 나는 이런 나무가 있다고 가정을 한번 해 보겠네. 원래부터 좋은 목재가 될 수 없는 나무야(원문의 "樗"(저)는 재질이 나빠서 목재로 쓸모가 없다는 뜻입니다). 게다가 이리저리 뒤틀려 있지. 그 큰 줄기에는 굵은 옹이가 여기저기 나 있어서 도무지 먹줄로 곧은 선을 그을 곳을 찾을 수가 없는 거야. 또 가지는 돌돌 말리고 꼬여 있어서 컴퍼스나 곱자에 맞지가 않네. 이런 나무라면 길가에 서 있다고 해도 목수가 거들떠보지도 않을 걸세." 혜시는 자기가 생각하기에 절대 '쓸모'가 있을 리 없는 나무를 묘사한 뒤, 아무렇지도 않게 이 나무를 장자가 한 말에 비유합니다. "지금 자네가 한 말도 '크기만 하지 쓸모가 없어서' 사람들 누구도 원하지 않을 테고 모두 내다버릴 거야."

장자는 이런 도발에 발끈하지 않고 역시 우언으로 대응합니다. 혜시가 큰 나무 이야기를 하니 장자는 동물 이야기를 들려줍니다.

장자가 말했다. "그대는 살쾡이와 족제비를 보지 못했는가? 몸을 낮게 웅크린 채 사냥감이 놀러 나오기를 기다리고, 여기저기를 뛰어다니며 높고 낮은 곳도 가리지 않다가 덫에 걸리거나 그물 안에서 죽고 만다네."

莊子曰 "子獨不見狸狌乎? 卑身而伏, 以候敖者. 東西跳梁, 不避高下, 中於機辟, 死於罔罟."

"자네는 살쾡이와 족제비 같은 짐승을 보지도 못했나? 이 동물들은 몸을 바짝 낮추고 숨어서 사냥감을 기다리다가 갑자기 튀어나와 동에 번쩍 서에 번쩍 하고, 위아래 어디든 뛰어다닌다네. 그렇지만 잠깐이라도 방심하면 그놈들이 오히려 사냥감이 되고 말아, 사냥꾼이 설치한 덫에 걸리거나 그물로 떨어져 그렇게 목숨을 잃는다네."

이것은 작은 것입니다. 작은 잣대에 따르는 삶이지요. 큰 것이 반드시 작은 것보다 쓸모 있다거나 작은 것이 반드시 큰 것보다 쓸모 있다는 말이 아닙니다. 정말 중요한 핵심은 크거나 작은 잣대 자체가 아예 다르고, 같은 기준으로는 가늠할 수 없다는 데 있습니다.

"이우라는 소는 그 크기가 하늘에 드리운 구름만 하네. 이 소는 큰일은 할 수 있지만 쥐는 잡을 수 없다네."

"今夫斄牛, 其大若垂天之雲. 此能爲大矣, 而不能執鼠."

"이우斄牛와 같이 큰 소는 너무 커서 멀리서 보면 하늘에 드리운 구름처럼 보인다네. 이 소는 '큰' 능력을 가지고 있지만 살쾡이나 족제비처럼 쥐를 잡을 수는 없다네."

"지금 그대에게 큰 나무가 있고 그 쓸모없음을 걱정하지만, 어째서 아무것도 없는 곳, 한없이 펼쳐진 들판에 나무를 심으려 하지 않나? 어째서 아무 일 없이 그 곁을 오가고, 마음대로 노닐며 그 아래서 누워 잠자려 하지 않나? 크고 작은 도끼질로 베이는 일이 없을 터이니 그 나무는 해를 입지 않을 것이네. 쓸모없는 것이 어찌 고단하고 괴로운 일이 되겠는가!"

"今子有大樹, 患其無用, 何不樹之於無何有之鄉, 廣莫之野? 彷徨乎無爲其側, 逍遙乎寢臥其下. 不夭斤斧, 物無害者, 無所可用, 安所困苦哉!"

정해진 기준에 따라 억지로 가늠하려 하지 말고 그 사물이 원래 가진 본성에 따라 생각한다면 그에 적합한 진정한 '쓸모'가 보일 것입니다. 다만 이런 '쓸모'는 세상 사람들이 이야기하는 '쓸모'의 좁은 개념에는 부합하지 않는 듯 보이지요. 세상의 기준이라는 집착에서 벗어나고 나서야 비로소 우리는 스스로 얽매이는 곳 없이 자유롭게 노닐 수 있게 됩니다. 장자는 계속해서 영리하게도 혜시가 가상으로 만들어 낸 이 큰 나무의 '쓸모'를 찾아냅니다. "자네에게 그처럼 큰 나무가 있다면 그 나무가 쓸모없다고 고민만 하지 말고 차라리 그 나무를 아무것도 없이 넓게 펼쳐진 먼 들판에 가져다 심지 그러는가? 그러면 별다른 목적 없이 그 나무 곁을 오가며 거닐 수 있고 마음대로 편안하게 나무 아래 드러누워 잠을 잘 수도 있을 텐데 말이야. 자네가 말한 것처럼 어떤 목수의 도끼도 그 나무를 베려 하지 않을 걸세. 그 나무는 나쁜 점도 없고 쓸모도 없으니 이 이상 좋은 일은 없는 셈이지. 그런데 뭘 그런 문제를 가지고 고단하게 괴로워하는 건가?"

2,000년이 지난 지금 우리도 장자의 글을 따라 상상의 나래를 펼치며 이런 장면을 떠올릴 수 있습니다. 여기저기 불거지고 뒤틀려 괴상망측하게 생긴 커다란 나무가 아무것도 없이 탁 트인 벌판에 우뚝 서 있는 겁니다. 어쩐지 신비한 느낌을 주는 아름다운 광경이지요. 누구나 저도 모르게 큰 나무 곁으로

다가가 주위를 맴돌며 느긋하게 거닙니다. 기분이 나면 나무에 기대어 앉을 수도 있고 나무 그늘이 가져다주는 시원한 바람을 맞으며 달콤한 잠에 빠져들 수도 있습니다. 두 눈을 감고 고요하고도 평안하게 졸아 보는 거지요. 어쨌거나 이 나무를 베러 올 사람도 없고, 이처럼 아무것도 없이 펼쳐진 벌판까지 쫓아와 이 자리를 빼앗을 사람도 없을 테니 얼마나 좋은 일입니까!

먹줄과 컴퍼스와 곱자로 생각하는 혜시와 비교하면, 우리는 커다란 나무 곁을 마음대로 거닐며 거기서 자유를 만끽하는 장자의 상상을 더 좋아하고, 커다란 나무를 대하는 장자의 쓸모없음의 쓸모라는 태도를 더 잘 받아들이게 됩니다. 이는 또한 각각 다른 개성에 맞춰 얻은 답이기도 합니다.

이렇게 『장자』의 첫 번째 장인 「소요유」는 "작은 것과 큰 것의 차이"를 설명합니다. 장자는 다음과 같은 사실을 일깨웁니다. '이 세상은 우리가 상상하는 크기가 아니다. 또한 작은 것에는 작은 것의 이치가 있고 큰 것에는 큰 것의 이치가 있어, 서로 다른 잣대와 크기의 기준을 잘못 적용할 수도 없고 해서도 안 된다. 하나의 기준으로 서로 다른 잣대와 크기의 사물에 덮어씌우는 일은 더욱 하면 안 된다.' '소요유'逍遙遊에서 한자 "遊"(유)는 자기에게 맞는 잣대와 크기 안에서 자유로운 상태를 말합니다.

　　그러나 '작은 것과 큰 것의 차이'가 장자 사상의 모든 것은 아닙니다. 「소요유」에서 장자는 서로 다른 잣대와 크기의 상대성을 이야기하지만, 이러한 상대성을 인식하게 한 뒤에 장자는 다시 우리를 이끌고 한 걸음 더 나아가 묻습니다. 그럼 각각 다른 잣대와 체계를 서로 이어, 상대적인 표준을 통합할 수 있는 또 다른 논리는 없을까? 장자는 그저 단순하고 직접적인 상대주의 입장에 머물지 않습니다. 그래서 「소요유」의 뒤에 두 번째 장인 「제물론」이 있는 것입니다.

절대성으로 상대성을 초월하다

들을 수 없는 하늘의 피리 소리

「제물론」은 아주 기이하고 독특한 장면으로 시작합니다.

남곽자기가 낮은 책상에 기대어 앉은 채 하늘을 우러러 한숨을 내쉬며 그 짝을 잃은 듯 멍하니 있었다.

南郭子綦隱机而坐, 仰天而噓, 苔焉似喪其耦.

남곽자기南郭子綦가 낮은 책상에 기대앉은 채 하늘로 고개를 쳐들고 긴 숨을 내쉬고 있었습니다. 그 모습은 마치 얼과 넋이 모두 몸에서 빠져나간 것만 같았습니다. 원문의 "苔"(답)은 늘어진 모습을 가리키고, "耦"(우)는 사람을 살아 있게 해 주는 것, 도저히 떼려야 뗄 수 없는 사람의 다른 반쪽을 말합니다. 배우자가 아니라 사람의 영혼을 가리키지요. 고대 중국인은 인간의 육체가 영혼과 결합해야 비로소 완전한 사람이 된다고 믿었습니다.

안성자유가 앞에 서서 시중을 들다가 말했다. "어찌 그러고 계십니까? 몸은 마른 나무와 같이 만들 수가 있다고 하지만, 마음까지 꺼진 재가 되게 할 수 있는 것입니까? 오늘 낮은 책상에 기대어 앉은 모습이 예전 낮은 책상에 기대어 앉은 모습과 다르십니다."

顏成子游立侍乎前, 曰 "何居乎? 形固可使如槁木, 而心固可使如死灰乎? 今之隱机者, 非昔之隱机者也."

남곽자기의 제자인 안성자유顏成子游가 그를 수행하며 앞에서 시중을 들고 있다가 놀라서 묻습니다. "어찌 된 일입니까? 우리가 자신의 겉모습을 생명이 없는 마른 나무처럼 보이게 할 수는 있다고 하지만 그래도 안에서는 정신이 움직이는 법인데, 설마 마음까지도 이처럼 꺼진 불의 재처럼 차갑게 식어서 움직이지 않도록 할 수 있는 것입니까? 지금 제 눈앞에서 낮은 책상에 기대어 앉은 분은 예전에 그 자리에 앉아 계시던 그분이 아닌 것만 같습니다." 예전 남곽자기의 '고요'는 그저 "몸"만이 고요하게 머물러 있는 것처럼 보였는데, 이날은 "마음"조차 움직임을 멈춘 것만 같아서 평소와 완전히 다르다는 말입니다.

자기가 말했다. "언아, 또한 좋지 아니하냐, 그것을 묻다니! 지금 나는 나를 잊은 상태였는데, 네가 그것을 알았느냐? 네가 사람의 피리 소리를 들었더라도 아직 땅의 피리 소리는 듣지 못했겠지! 네가 땅의 피리 소리를 들었더라도 아직 하늘의 피리 소리는 듣지 못했겠지!"

子綦曰 "偃, 不亦善乎, 而問之也! 今者吾喪我, 女知之乎? 女聞人籟而未聞地籟, 女聞地籟而未聞天籟夫!"

남곽자기는 안성자유를 칭찬합니다. "훌륭하구나, 네가 이와 같이 물어보다니! 너는 내가 조금 전에 원래의 나를 떠나 나 자신과 만물이 하나가 되도록 했다는 것을 느꼈느냐? 알았느냐? 너는 예전에 '사람의 피리 소리'를 들어 보았을 것이다.

그러나 '땅의 피리 소리'는 들어 보지 못했을 것이다. '땅의 피리 소리'를 들어 보았다 하더라도 '하늘의 피리 소리'는 들어 보지 못했을 것이다."

"사람의 피리 소리", "땅의 피리 소리", "하늘의 피리 소리"라는 구분은 남곽자기가 이 순간 "나를 잊은 상태"와 밀접한 연관이 있습니다.

자유가 말했다. "감히 그 방법을 묻습니다."

子游曰 "敢問其方?"

제자인 자유가 말합니다. "사람의 피리 소리와 땅의 피리 소리, 하늘의 피리 소리를 알 방법이 있습니까?"

자기가 말했다. "대자연이 내뿜는 기운을 바람이라고 하느니라. 이것이 만들어지지 않으면 그뿐이지만 만들어지면 세상 모든 구멍이 성난 듯이 울부짖는데, 너는 그 씽씽 부는 소리를 듣지 못했느냐?"

子綦曰 "夫大塊噫氣, 其名爲風. 是唯無作, 作則萬竅怒呺, 而獨不聞之翏翏乎!"

　원문의 "大塊"(대괴)란 만물이 한 덩어리로 엉겨 뒤섞인 것, 만물이 분별되기 이전의 전체를 가리킵니다. 또는 모든 것이 하나로 합쳐진 전체를 가리킨다고도 하지요. 바로 대자연, 원초적인 자연입니다. 자기는 말합니다. "대자연이 숨을 들이쉬고 내쉬는 것을 보고 우리는 '바람'이라고 부른다. 대자연이 바람을 만들지 않는다면 그뿐이지만, 일단 바람을 만들면 수없이 많은 구멍이 모두 소리를 낸다. 우리는 바람이 내는 소리들을 듣지 못할 수 없다."

　"우뚝한 산과 숲, 백 아름이나 되는 큰 나무의 구멍은 코와 같고 입과 같고 귀와 같으며, 목이 긴 병과 같고 대야와 같고 절구통과 같으며, 깊은 웅덩이 같고 얕은 웅덩이 같다. 물이 거칠게 흐르는 소리이고 기뻐 웃는 소리이며 사람을 욕하는 소리이고 숨을 들이마시는 소리이며 크게 내지르는 소리이고 울부짖는 소리이며 깊이 울리는 소리이고 가냘픈 소리이기도 하다. 앞서 가며 소리를 매겨 부르면 따라가면서 소리를 받아 부른다. 산들바람이 불면 작게 어우러지고 회오리바람이 불면 크게 어우러지나니. 사나운 바람이 잦아들면 모든 구멍이 다 비고 만다. 너는 그 크게 움직이는 모양이나 작게 흔들리는 모양을 보지 못했느냐?"

"山林之畏隹, 大木百圍之竅穴, 似鼻, 似口, 似耳. 似枅, 似圈, 似臼. 似洼者, 似污者. 激者, 謞者, 叱者, 吸者, 叫者, 譹者, 宎者, 咬者. 前者唱于, 而隨者唱喁. 泠風則小和, 飄風則大和. 厲風濟, 則衆竅爲虛. 而獨不見之調調, 之刁刁乎?"

이 단락은 정말이지 기가 막힙니다. 막힘없이 단숨에 읽어 내려갈 수가 있지요. 현대 중국어의 발음으로 읽어 보더라도 그 소리의 장단과 운율, 기세가 강렬하게 느껴집니다. 원문의 "畏隹"(외최)는 이후에 "崔嵬"(최외)가 되는데, 산세가 우뚝하며 험하고 가파른 것을 가리킵니다. 남곽자기는 이와 같이 묘사하지요. "우뚝하니 높이 솟은 가파른 산의 울창한 숲에 백 사람이 서로 손을 맞잡아야 겨우 안을 수 있는 커다란 나무가 있다." 마음속에 깊은 산의 천 년 묵은 커다란 홰나무 같은 것이 떠오를 겁니다. 아니면 거대한 단풍나무도 좋고요. 어쨌거나 그처럼 어마어마하게 큰 나무를 우러르는 느낌입니다. 그런 뒤에 그 나무 아래로 다가가면 나무에 생긴 수많은 구멍이 보이는 겁니다. "나무에는 수없이 크고 작은 구멍이 많이 나 있지. 어떤 것은 코와 같고 어떤 것은 입과 같으며 어떤 것은 귀와 같다(이것들은 비교적 작은 구멍이겠지요). 어떤 것은 병 같이 생겼고 어떤 것은 세숫대야같이 생겼으며 어떤 것은 돌 절구처럼 생겼지(이것들은 조금 더 큰 구멍일 겁니다. 게다가 구멍은 점점 더 커지지요). 어떤 것은 좁고 깊은 물웅덩이처럼 생겼고 어떤 것은 넓고 얕은 물웅덩이처럼 생겼다."

이것이 바로 웅변 스타일입니다. 남곽자기가 말하고자 하는 것을 한마디로 요약하면 커다란 나무에 수많은 구멍이 있다는 겁니다. 그러나 그는 이렇게 간단히 요약하지 않고 하나씩 늘어놓으며 묘사합니다. 독자에게 구멍의 양과 남다른 생김새에 대해 강렬한 인상을 남기지요. 게다가 구성 방식에도 신경을 썼습니다. 작은 것에서 큰 것까지 순서대로 늘어놓으면서도 교묘하게 몇 가지 유형으로 나누지요. 처음의 가장 작은 유형은 사람의 얼굴에 있는 기관을 빌려 묘사합니다. 다음 조금 큰 유형은 집에서 사용하는 물건을 빌려 비유합니다. 더 큰 유형은 물이 담기는 것에 비유합니다. 이 웅변의 규칙에는 변화가 있고, 변화에는 잘 정돈된 질서가 있습니다.

그런 뒤에 남곽자기는 바람이 불기 시작하면서 크고 작은 구멍에서 수많은 소리가 교향악처럼 울려 퍼지는 상황을 묘사합니다. 원문의 여덟 글자 "激"(격), "謞"(학), "叱"(질), "吸"(흡),

"叫"(규), "諕"(호), "咲"(요), "咬"(교)는 사람이 느끼는 감정과 움직임에서 나오는 소리를 나타내는 한편으로 이 여덟 글자 자체가 소리를 흉내 내는 효과를 내 구멍에서 울리는 갖가지 소리를 모방합니다. "激"(격)은 거칠게 흔들리는 소리입니다. "諕"(학)은 즐겁게 웃는 소리지요. "叱"(질)은 누군가를 꾸짖는 소리, "吸"(흡)은 심호흡을 할 때 공기가 빨려드는 듯한 소리, "叫"(규)는 목청껏 외쳐 부르는 소리, "諕"(호)는 슬픔과 설움으로 아프게 내지르는 소리입니다. "咲"(요)는 가슴 깊은 곳에서 새어 나오는 슬픔의 탄식과도 같은 소리고, "咬"(교)는 꽉 눌려서 아련하게 맴도는 소리지요. 하나하나 전혀 다릅니다.

이뿐 아닙니다. 이 가운데 몇몇은 또 다른 연상을 부르는 새로운 의미로 확장됩니다. "激"(격)은 물이 바람을 맞아 부딪치는 소리도 되고, "諕"(학)은 화살이 공중을 가르며 내는 소리도 됩니다. "咲"(요)는 문을 여닫을 때 경첩에서 나는 삐걱대는 소리이기도 하지요. 공포영화에서 귀신이 등장할 때 자주 사용되는 사람들을 놀래는 효과음 같은 것 말입니다.

또 있습니다. 여기서 여덟 단어와 그 앞의 여덟 단어를 연결해 보면 다시 독특한 효과가 나타납니다. 원문을 보지요. "似鼻, 似口, 似耳. 似枅, 似圈, 似臼. 似洼者, 似污者. 激者, 諕者, 叱者, 吸者, 叫者, 諕者, 咲者, 咬者."(사비, 사구, 사이. 사계, 사권, 사구.

사와자, 사오자. 격자, 학자, 질자, 흡자, 규자, 호자, 요자, 교자) 앞의 여덟 단어에서는 첫 번째 글자가 모두 "似"(사)이고, 두 번째 글자가 바뀝니다. 뒤의 여덟 단어는 그와 반대됩니다. 두 번째 글자가 모두 "者"(자)이고, 첫 번째 글자가 바뀝니다. 그리고 두 무리 사이의 "似洼者, 似污者"(사와자, 사오자)는 앞뒤의 예와 달리 세 글자, 세 글자를 쓰면서 앞에는 "似"(사), 뒤에는 "者"(자)를 넣었습니다.

"似, 似, 似, 似, 似, 似. 似-者, 似-者, 者, 者, 者, 者, 者, 者, 者, 者." 앞에 적은 원문을 읽으면 우리는 분명히 이러한 소리를 듣게 되고, 그리하여 다음에서 말할 호응과 매기고 받는 소리의 효과를 곧바로 느낄 수 있지요. 구멍은 그저 서로 다른 소리를 내기만 하지 않고, 서로 영향을 미치며 호응하고 함께 어울립니다. "앞서 가며 소리를 매겨 부르면 따라가면서 소리를 받아 부른다." 앞서서 어떤 소리를 내면 뒤이어 비슷하지만 또 다른 소리를 냅니다.

"대자연이 솔솔 가볍게 바람을 불게 할 때는 이러한 호응의 효과가 작을 테지만, 대자연이 거센 바람을 불어 낼 때 소리의 호응은 아주 격렬하게 변화하지. 일단 폭풍이 잦아들면 모든 구멍도 내던 소리를 멈추고 잠잠해져, 갑자기 아무것도 없는 것 같은 느낌이 드는 법이다. 혹은 갑자기 '빈' 상태로 돌아가게 되었다고 할 수 있지. 구멍이란 본디 물건이 아니라 하나

하나 각각의 구멍이자 공허이기 때문이야. 소리가 사라지면 상대적으로 평소보다 훨씬 더 예민하게 좀 전까지 바람에 움직이던 나뭇가지와 잎이 아직까지 흔들리며 완전히 멈추지 않았음을 살피게 되겠지.”

이 대화의 앞쪽에는 “너는 그 씽씽 부는 소리를 듣지 못했느냐?”라는 말이 있고, 뒤쪽에는 “너는 그 크게 움직이는 모양이나 작게 흔들리는 모양을 보지 못했느냐?”라는 말이 있습니다. 두 구절은 서로 호응됩니다. 앞의 문장은 우리에게 바람이 불면 모든 감각 기관이 바람 소리에 집중됨을 알려 줍니다. 뒤의 문장 역시 바람이 갑자기 멈추면, 되돌아온 시각視覺으로 아무 소리도 없는 가운데 여전히 흔들리고 있는 사물에 주의를 기울이게 됨을 알려 주지요. 여기서 문득 알게 되는 또 한 가지는 모든 소리가 얼마나 빨리 사라지는가 하는 점입니다. 바람이 멈추면 소리는 바람을 따라 그대로 멈춰 버립니다. “모든 구멍이 다 비고 만” 까닭이지요. 실제로는 어떠한 소리도 따로 존재하지 않고 전적으로 바람에 호응해서 나타날 뿐입니다. 비록 나뭇가지들은 여전히 흔들리고 있지만, 바람이 없으면 구멍은 소리를 내지 않습니다.

자유가 말했다. “땅의 피리 소리는 모든 구멍에서 나고, 사람의 피리 소리는 대나무에서 나는군요. 감히 하늘의 피리 소리를 묻습니다."

子游曰 "地籟, 則衆竅是已, 人籟, 則比竹是已. 敢問天籟?"

이 영리한 제자는 곧 스승인 남곽자기가 "땅의 피리 소리"를 묘사했음을 알아차립니다. "듣지 못했느냐"라는 말은 그를 일깨우기 위한 것이었지요. 사실 바람의 소리, 구멍이 내는 소리는 언제나 거기에 있습니다. 그러나 그가 그 사실을 깨닫지 못하고 주의를 기울이지 않은 채 오직 인간 세상의 환경에만 마음을 썼다면 "듣지 못했겠지요." 듣지 못할 리 없지만 도리어 듣지 못하는 것입니다.

이 '땅의 피리 소리'를 이해하자 한 가지를 알려 주면 세 가지를 스스로 깨닫는 바람직한 제자 자유는 '땅의 피리 소리'와 상대되는 "사람의 피리 소리" 또한 알게 됩니다. 그것은 사람이 부는 악기가 만들어 내는 음악을 가리켰지요. 그렇다면 그 궁극의 신비라 할 수 있는 "하늘의 피리 소리"는 무엇일까요?

스승의 대답은 이렇습니다.

자기가 말했다. "불어서 온갖 다른 소리를 내지만 그렇게 하는 것은 그 자신이다. 모두 그 스스로 취하나 그렇게 되도록 애쓰는 것은 누구이겠느냐?"

子綦曰 "夫吹萬不同, 而使其自已也, 咸其自取, 怒者其誰邪?"

"갖가지 서로 다른 구멍을 불어서 구멍마다 서로 다른 소리가 나도록 하는 것이 바로 '하늘의 피리 소리'지." 스승이 앞에서 "아직 땅의 피리 소리는 듣지 못했겠지"와 "아직 하늘의 피리 소리는 듣지 못했겠지"라고 한 말은 서로 뜻하는 바가 다릅니다. '아직 땅의 피리 소리는 듣지 못한 것'은 제자가 그런 방식으로 "대자연이 내뿜는 기운"이 내는 소리를 귀 기울여 듣지 않았기 때문입니다. '아직 하늘의 피리 소리는 듣지 못한 것'은 '하늘의 피리 소리'란 그 자체가 우리는 들을 수 없는 것이기 때문입니다. "이 소리들은 모두 마치 스스로 울려서 나는 듯해서, 우리는 어떤 주재자가 혹은 어떤 힘이 그 뒤에서 움직이고 있는지 알 수 없다." 원문의 "怒"(노, 노하다)는 여기서 "努"(노, 노력하다)와 같아, 모든 것이 자연스럽게 이루어지기 때문에 모든 구멍이 스스로 소리를 내는 듯 보이며 누가 애써 이런 일을 하는지 알 수 없다는 뜻입니다.

우리는 관습적으로 매우 아름다운 소리를 '하늘의 피리 소리'라고 여깁니다. 혹은 '하늘의 피리 소리처럼 아름답다'라고 말하지요. 그러나 장자의 주장으로 보면 이런 생각이나 말은 터무니없는 것입니다. '하늘의 피리 소리'는 들을 수 없고 헤아릴 수 없는 대자연의 '숨'이니까요. 우리가 들을 수 있는 것은 '하늘의 피리 소리'가 만물을 통과하면서 만물 스스로 내게 하는 소리일 뿐입니다. '하늘의 피리 소리'가 '하늘'에 속하는 이유는 바로 구체적이거나 물리적인 소리가 아니라 추상적이고 모든 것이 뒤섞인 소리의 근원이기 때문입니다.

'사람'과 '하늘'의 가장 큰 차이는 바로 "애쓰는 것"에 있습니다. 사람이 만드는 소리는 노력의 결과이며 의미와 내력이 있습니다. 하늘의 소리는 대단한 노력을 들이지 않고 그저 그렇게 오고 그렇게 나타나지요.

'하늘의 피리 소리'와 '땅의 피리 소리'는 떼려야 뗄 수 없는 관계입니다. 우리는 오직 '땅의 피리 소리'만을 들을 수 있을 뿐이고, 그런 뒤에야 '땅의 피리 소리'가 내는 "세상 모든 구멍이 성난 듯이 울부짖는 소리"를 통해 "대자연이 내뿜는 기운", 다시 말해 '하늘의 피리 소리'를 추측하고 이해하게 되는 것입니다.

무엇이 정신에 해를 끼치는가

남곽자기의 이야기로 말문을 연 뒤에, 장자는 다시 끝없는 웅변을 펼칩니다.

큰 앎은 한가롭고 여유롭지만 작은 앎은 눈치를 살핀다. 큰 말은 담담하지만 작은 말은 수다스럽다. 그 잠잘 때는 넋이 작용하며, 그 깨어 있을 때는 몸이 움직인다. 사물을 접하면서 어지럽게 되어 매일같이 마음에 다툼이 일어난다.

大知閑閑, 小知閒閒. 大言炎炎, 小言詹詹. 其寐也魂交, 其覺也形開, 與接爲構, 日以心鬪.

여기서 다시 '작은 것과 큰 것의 차이', 즉 서로 다른 잣대와 크기의 지혜와 말에는 서로 다른 특성이 있다는 주장으로 돌아갑니다. 큰 잣대와 크기의 지혜는 여유 있게 받아들이며 좀처럼 빡빡하게 굴지 않지만, 작은 잣대와 크기의 지혜는 작은 틈으로 다른 사람의 비밀을 엿보는 것처럼 굳이 살피고 나누며 비교하지요(원문의 "閒閒"(간간)은 '間間'(간간)과 같아서,

틈새로 엿본다는 뜻입니다). 큰 잣대와 크기의 말은 대체로 평범하고 쉬운 듯하지만(원문의 "炎"(염)은 '淡'(담, 맑다)입니다), 작은 잣대와 크기의 말은 빽빽하고 촘촘합니다(원문의 "詹詹"(첨첨)은 자질구레한 모양을 말합니다).

이러한 큼과 작음의 차이는 어떻게 생겨나는 것일까요? 우리의 정신 반응에서 비롯됩니다. 우리가 자는 동안에도, 정신은 제대로 쉬지 못하고 여전히 의식 차원에서 자극을 받아들입니다. 깨어 있을 때도 몸을 외부로 활짝 열어, 접촉하고 받아들인 자극과 정보를 우리의 정신과 하나로 만듭니다. 그래서 매일 언제든 우리의 마음은 싸움이라도 하는 것처럼 어지럽습니다.

장막에 가린 것도 같고, 구멍에 떨어진 것도 같고, 앞뒤로 꽉 막힌 것도 같다. 두려움이 작으면 벌벌 떨지만, 두려움이 커지면 느슨해진다.

縵者, 窖者, 密者. 小恐惴惴, 大恐縵縵.

정신이 어지러워지는 것도 여러 가지 형태가 있습니다. 때로는 거대한 장막 뒤에 가린 것처럼 느껴지기도 하고, 때로는 깊고 어두운 지하에 내동댕이쳐진 것처럼 느껴지기도 하며, 때로는 나갈 길을 찾을 수 없는 곳에 갇힌 것처럼 느껴지기도 합니다. 그래서 정신은 언제나 공포와 불안에 잠겨 있습니다. 작은 두려움은 사람을 안절부절못하게 하고, 큰 두려움은 그 와 반대로 사람의 활력을 빼앗고 해체시켜 정상적으로 움직일 수 없게 만듭니다(원문의 "縵縵"_(만만)은 드리워져 늘어진 천처 럼 해이해지고 헐거운 모습을 나타냅니다).

그 펼침은 쇠뇌에 잰 화살 꼬리 같은데 이는 시비를 가리려 함 을 일컫는다. 그 머무름은 신에게 하는 맹세 같은데 이는 계속 이기려 함을 일컫는다. 그 쇠함이 가을과 겨울 같은데 이로써 나날이 줄어듦을 말하는 것이다. 그 빠져들어 행함은 돌이킬 수 없고, 그 억눌림은 꽁꽁 묶인 것 같아 이로써 그 늙고 시들어 감 을 말함이니 죽음에 가까워져 다시 되살릴 수 없다.

其發若機栝, 其司是非之謂也. 其留如詛盟, 其守勝之謂也. 其殺 如秋冬, 以言其日消也. 其溺之所爲之, 不可使復之也. 其厭也如 緘, 以言其老洫也, 近死之心, 莫使復陽也.

외부 사물에 자극을 받은 정신은 마치 걸쇠를 움직인 쇠뇌에서 순식간에 살이 튀어나가듯 움직입니다. 정신이 일단 움직이면 곧 옳고 그름을 가리게 되고 그 옳고 그름으로 인해 정신은 피곤해지지요. 옳고 그름을 가리느라 피곤해진다고 하지만, 외부 사물의 자극을 받지 않고 정신이 움직이지 않으며 한데 머무른다 해도 더 나을 것은 없습니다. 머무른다는 것도 실제로 외부 사물에 자극을 받지 않는다는 뜻이 아니라 외부 사물과 접촉하고도 조심스럽게 경계하고 방어하며 실패할까 두려워하는 것이기에 마음이 가벼울 수 없습니다.

이처럼 움직이든 움직이지 않든 정신은 언제나 피곤해지며 끊임없이 소모되고 상처를 입지요. 마치 가을에서 겨울로 넘어가듯 날마다 점점 더 많은 것을 잃어 갑니다. 정신은 가을과 겨울이 지나면 봄과 여름이 다시 돌아오는 계절의 순환과 달리, 가을과 겨울처럼 줄곧 많은 것을 잃는 상황으로 치닫습니다. 정신이 외부 사물에 대응하는 데 빠져 버려 가을과 겨울에 머물러 "돌이킬 수 없어지기" 때문입니다.

"厭"(염)은 막히고 억눌렸다는 뜻입니다. 정신이 막힌 상황은 노끈으로 꽁꽁 묶인 상태와 같아서, 그저 끊임없이 늙고 말라붙을 따름이라("洫"(혁)은 물이 말라붙은 도랑을 가리킵니다), 한 걸음씩 죽음과 멸망의 마음에 가까워져 다시는 활력을 되찾을 수 없게 됩니다.

외부 사물에 반응한 정신은 인간의 갖가지 정서에서 가장 분명하게 드러납니다.

기쁨, 분노, 슬픔, 즐거움, 걱정, 탄식, 변덕, 두려움, 탐욕, 동요, 열림, 허세는 음악이 빈 데서 나고 수증기가 버섯을 이루는 것처럼 앞에서 밤낮으로 서로 바뀌지만 어디서 움트는지 알지 못함과 같다. 됐구나, 됐어! 아침저녁으로 이를 얻으니 그 유래가 있어서 생겨남이라!

喜, 怒, 哀, 樂, 慮, 嘆, 變, 熱, 姚, 佚, 啟, 態, 樂出虛, 蒸成菌, 日夜相代乎前, 而莫知其所萌. 已乎, 已乎! 旦暮得此, 其所由以生乎!

기쁨, 분노, 슬픔, 즐거움, 걱정, 탄식, 변덕, 두려움, 탐욕, 동요, 열려 있음, 꾸밈은 때로는 귓가에 갑작스럽게 음악이 들려오는 것과 같고, 때로는 수증기 속에서 존재하지 않는 버섯의 모양을 보는 것과 같습니다. 환청이나 환각처럼 말이지요. 다양한 정서가 밤낮으로 끊임없이 갈마들며 우리 마음속을 채우지만 우리는 그 원인을 도무지 알 수 없습니다.

여기까지, 여기까지 합시다! 우리가 밤낮 이처럼 어지러운 정서를 벗어날 수 없는 원인은 결국 우리의 정신에 있습니다! 여기서 가장 중요한 글자는 사실 "其"(기)입니다. "그 잠잘 때는 넋이 작용하며"_{其寐也魂交}부터 이 단락 전체에서 "其"는 모두 '정신'을 가리킵니다. 그리하여 이쯤에 와서 장자는 마침내 우리의 어지럽고 혼란한 의구심에 종지부를 찍습니다. 끊임없이 외부 사물에 자극을 받아 소모되는 정신이 복잡하고 분주한 정서의 원인이라는 점을 분명하게 알려 주지요.

저것이 아니면 나도 없을 것이요, 내가 아니면 취할 바가 없을 것이다. 이는 또한 가까운 것이나 그 되게 하는 바를 알지 못한다. 만약 진정한 주재자가 있다 하더라도 딱히 그 조짐을 얻을 수 없다. 운행할 수 있음을 믿더라도 그 형체는 보이지 않으니 뜻이 있더라도 형체는 없다.

非彼無我, 非我無所取. 是亦近矣, 而不知其所爲使. 若有眞宰, 而特不得其眹. 可行已信, 而不見其形, 有情而無形.

이 단락은 그냥 읽으면 이해하기가 무척 힘듭니다. 다행히 다음 단락 덕분에 이 단락을 이해할 수 있습니다. 그러니 먼저 다음 단락을 읽어 보는 편이 낫습니다.

백 개의 뼈, 아홉 개의 구멍, 여섯 개의 장기가 갖추어져 몸 안에 존재하는데 나는 누구와 더불어 친한가? 그대는 그에 대해 모두 말할 수 있는가? 특별히 가까운 대상이 있는가? 이 모두를 신하와 첩으로 삼는 것인가? 그 신하와 첩이 되니 서로 다스리기에 부족하지 않은가? 그것들이 서로 돌아가며 임금과 신하의 관계가 되는가? 그 가운데 진정한 임금의 존재가 있는가?

百骸, 九竅, 六藏, 賅而存焉, 吾誰與爲親? 汝皆說之乎? 其有私焉? 如是皆有爲臣妾乎? 其臣妾不足以相治乎? 其遞相爲君臣乎? 其有眞君存焉?

이 단락의 내용은 아주 잘 이해됩니다. 뼈대와 바깥쪽의 감각 기관, 안쪽의 장기는 모두 우리 몸의 일부로 있는데, 이 "백 개의 뼈, 아홉 개의 구멍, 여섯 개의 장기" 가운데 우리가 편애하는 것이 있을까요? 우리는 이것들에 똑같이 만족할까요, 아니면 그 가운데 어떤 뼈, 어떤 감각 기관이나 장기를 특별히 좋아할까요? "백 개의 뼈, 아홉 개의 구멍, 여섯 개의 장기" 사이의 관계는 어떨까요? 신하와 첩처럼 각기 다른 역할을 나누어 맡고 있을까요? 그러면 순조롭게 돌아갈까요? 혹은 그것들에 따로 주종 관계가 있어서 돌아가며 임금을 맡을까요? 그것들 위에 진정한 의미의 지휘자나 주재자가 있을까요?

우리의 몸은 우리에게 속한 것이지만 우리는 대체로 몸을 이런 방식으로 생각하거나 궁금해한 적이 없습니다. 장자는 왜 이처럼 이상한 질문들을 던졌을까요? 바로 이런 결론을 내리기 위해서입니다.

그 사정을 구하여 얻든 말든 그 진정한 주재에는 더함도 덜함도 없을 것이다.

如求得其情與不得, 無益損乎其眞.

"情"(정)은 옛 글에서 언제나 사실, 진실을 가리키는 뜻으로 사용되었습니다. 이 문장의 뜻은 이렇습니다. 우리가 열심히 궁리해서 "진정한 임금"이 몸을 지휘하는지 확실한 해답을 구할 수 있든 없든 우리의 몸을 순조롭게 움직이도록 하는 힘과 시스템에는 아무런 영향을 끼치지 않으며, 이 "진정한 임금"의 "진정"을 더하거나 뺄 수도 없습니다. "진정한 임금"의 "진정"이 "백 개의 뼈, 아홉 개의 구멍, 여섯 개의 장기"가 우리 몸의 모든 기능이 서로 어우러지도록 존재하고 표현하는 까닭에, 여기에 우리의 이해는 필요하지 않습니다. 우리가 이해하든 말든 이 "진정한 임금"에게는 전혀 의미가 없습니다.

이 "진정한 임금"은 우리일까요? "백 개의 뼈, 아홉 개의 구멍, 여섯 개의 장기" 가운데 하나일까요? 그것들이 각기 분업과 협조로 어떤 구조를 만드는 것일까요? 우리가 그 해답을 알든 모르든, "백 개의 뼈, 아홉 개의 구멍, 여섯 개의 장기"가 정상적으로 돌아가는 일에는 어떤 도움도 되지 못하며 마찬가지로 아무런 해도 끼치지 못합니다.

우리는 그 결과로 "진정한 임금"의 존재를 알고 인정하게 될 뿐입니다. 이것이 또한 앞에서 말한 "其"(기), 즉 정신의 근거입니다.

그 형태를 갖추어 한번 받으면, 죽지 않고 다하기를 기다린다.

一受其成形, 不亡以待盡.

"진정한 임금"이 "백 개의 뼈, 아홉 개의 구멍, 여섯 개의 장기"를 움직여야 우리는 비로소 "형태를 갖추어" 삶을 살아가며, 죽지 않고 살아 있는 한 동력을 주재하는 정신에 의지해야 합니다.

앞 단락으로 돌아가 보지요. "저것이 아니면 나도 없을 것이요, 내가 아니면 취할 바가 없을 것이다." 만약 '진정한 임금'인 정신이 없다면 내 존재도 있을 수 없을 것입니다. 뒤집어 보면, 만약 내가 없다면 '진정한 임금'인 정신도 기대거나 의지할 곳이 없을 것입니다. "이는 또한 가까운 것이나 그 되게 하는 바를 알지 못한다." '진정한 임금'인 정신과 나는 둘이면서도 하나인 것처럼 서로를 필요로 하며, 그토록 가까운데도 내가 정신의 움직임을 분명하게 알지 못합니다. "만약 진정한 주재자가 있다 하더라도 딱히 그 조짐을 얻을 수 없다." 실제로 어떤 주재하는 힘이 거기 있는 것처럼 느껴지더라도 우리는 그를 쫓거나 손에 넣을 어떠한 징조도 찾아낼 수 없습니다. "운행할 수 있음을 믿더라도 그 형체는 보이지 않으니 뜻이 있더라도 형체는 없다." 그 작용은 무척이나 명확하기에 의심할 수 없는 것이지만, 그 형체는 눈에 보이지 않습니다. 그래서 '진정한 임금'인 정신은 "뜻이 있더라도 형체는 없어", 실제로 존재는 하지만 볼 수 있고 만질 수 있는 형체는 없습니다.

정신의 존재를 확신하고 인간의 삶을 돌아볼 때, 우리의 정신은 어떤 상황에 있을까요?

그 형태를 갖추어 한번 받으면, 죽지 않고 다하기를 기다린다.

만물과 더불어 서로 맞서고 서로 갈리며 그 운행이 다함은 내 달리는 것과 같아 그를 멈추게 할 수 없으니 또한 슬프지 아니한가!

一受其成形, 不亡以待盡. 與物相刃相靡, 其行盡如馳, 而莫之能止, 不亦悲乎!

우리가 정신을 받아들여야만 비로소 존재하고, 이를 다 쓰면 죽는다는 점은 분명합니다. 그러나 우리는 늘 정신을 외부의 사물과 끊임없이 부딪치며 마찰하도록 하지요. 마치 날카로운 칼날을 다른 날카로운 칼날에 부딪치게 했다가 숫돌에 날카롭게 갈기도 했다가 하는 것 같습니다. 우리는 정신을 이렇게 달리는 말처럼 빠르게 소모하지만 이 말을 막을 수 없고 세우지도 못합니다. 이 얼마나 슬픈 일입니까!

평생토록 일하며 쉬지 못하나 그 성공을 보지 못하고, 나른하도록 피곤하게 일하지만 돌아갈 바를 알지 못하니, 서글픈 일이 아니겠는가!

終身役役, 而不見其成功, 茶然疲役, 而不知其所歸, 可不哀邪!

"荼"(날)은 피곤하고 졸리다는 뜻입니다. 사람의 일생은 괴롭고 고단하여 마치 끊임없이 힘써 일하는 듯하지만, 정신에는 어떤 성과도 더할 방법이 없습니다. 바쁘게 움직이지만 정신이 진정으로 필요로 하는 것을 알지 못하고 편안하게 거할 곳을 알지 못하니 얼마나 서글픈 일입니까!

 사람들이 그것을 죽지 않는다고 하니 어찌 더하리오! 그 형체의 이루어짐, 그 마음과 더불어 그러함, 가히 큰 슬픔이라 이르지 않으리오!

 人謂之不死, 奚益! 其形化, 其心與之然, 可不謂大哀乎!

 이처럼 정신을 소모하는 상태를 보통 사람들은 "죽지 않았다"라고 '살아 있다'라고 말하지만 이런 것이 의미가 있을까요? 쓸모가 있을까요? 정신을 끊임없이 소모하며 생명의 종점에 이르는 것, 이런 것을 진정 '살아 있다'라고 할 수 있을까요? 이것이 진정 죽음과 근본적으로 다를까요? 사람의 마음, 사람의 '진정한 임금', 그 근본정신은 외부의 형체에 끌려다닙니다. 형체가 바뀌면 마음도 따라서 바뀌지요. 이 얼마나 큰 슬픔입니까!

사람의 삶은 본디 이처럼 어둑한가? 나 홀로 어둑할 뿐 남들은 어둑하지 않은 것인가? 그 이루어진 마음을 따라 스승으로 모시니 누가 홀로 스승이 없으리오?

人之生也, 固若是芒乎? 其我獨芒, 而人亦有不芒者乎? 夫隨其成心而師之, 誰獨且無師乎?

"芒"(망)은 어슴푸레하여 또렷하지 않다는 뜻입니다. 사람이 살아 있다는 것은 이처럼 어슴푸레하고 도무지 제대로 볼 수 없는 것일까요? 나 혼자만 이처럼 어슴푸레하며 또렷하지 않은 채로 남아 있고, 다른 사람들은 나보다 훨씬 맑은 정신으로 깨어 있어서 똑똑하게 알고 있는 것일까요? 나는 나를 바른 길로 이끌어 줄 스승을 찾을 수 있을까요?

그러나 우리는 보통 어떻게 스승을 찾습니까? 우리는 언제나 자신의 "이루어진 마음"을 따르며 마음속에 이미 정한 견해에 따라 스승을 구합니다. 그러니까 말하는 이치가 우리가 정한 견해에 가까운 사람을 찾아 스승으로 삼습니다. 이런 방식으로 스승을 찾기는 쉽지요. 누구나 스승을 찾을 수 있고, 누구나 스승을 얻게 됩니다.

다만 이런 방식으로 찾은 스승은 우리가 맑은 정신으로 모든 것을 알 수 있도록 가르치지는 못할지 모릅니다.

어찌 반드시 번갈아 바뀜을 알고 마음으로 스스로 취한 이에게 만 스승이 있겠는가! 어리석은 이에게도 스승이 함께 있도다! 아직 이루어진 마음이 없는데도 시비가 있음은 오늘 월나라로 가면서 어제 도착했다는 것이니 없음으로 있음을 삼는 것이다. 없음이 있음이 됨은 비록 신령한 우 임금이라 해도 또한 알 수 없을 것인데 나 홀로 또한 어찌하리오!

奚必知代, 而心自取者有之, 愚者與有焉. 未成乎心而有是非, 是 今日適越而昔至也. 是以無有爲有. 無有爲有, 雖有神禹, 且不能 知, 吾獨且奈何哉!

"知代"(지대)는 다른 판본에서 "知化"(지화)로도 나옵니다. 만약 그렇다면 이 문장은 "奚必知化, 而心自取者有之"가 되 고, 변화 속의 이치를 아는 사람, 진정으로 "변화를 아는"知化 사람에게 배우거나, 나아가 그런 사람을 찾을 필요조차 없다는 말이 됩니다. 여기서 핵심은 사실 정신 자체가 직관적으로 대응할 바를 깨닫는 데 있으며, 그것이야말로 사람을 모호한 상태에서 벗어나게 하는 정보입니다. 이러한 정보는 지식이 없는 사람에게도 있습니다. 한 걸음 더 나아가자면, 지식이 없는 사람이야말로 오히려 "이루어진 마음"을 지녔을 수 있지요. 옳고 그름을 가리는 사람보다 "마음으로 스스로 취한 이"의 경지에 더 쉽게 다가갈 수 있습니다.

깨어 있는 상태로 "마음"과 정신을 대하는 방법을 배우고자 한다면 스승은 도울 수 없습니다. 반대로 스승이 주장하는 이치나 선입견, 옳고 그름은 사람들을 "형체의 이루어짐"에 머물게 하며 "형체"가 "마음"에 더욱 얽매이도록 하고, 정신을 더 빨리 소모하게 하지요.

"마음"과 정신의 본질, 그러니까 딱딱하게 굳은 "이루어진 마음"이 나타나기 전에 "마음"과 정신이 자유롭게 흐르던 상황으로 돌아가 봅시다. "이루어진 마음"이 없으니 당연히 "시비"도 없습니다. 이는 논리적으로 필연적인 선후 관계이지요. "이루어진 마음"이 있어야 비로소 "시비"가 있습니다. "이루어진 마음"이 나타나기 전에 "시비"가 있다는 것은 마치 "오늘 월나라로 가면서 어제 도착했다"라고 말하는 것과 마찬가지로 잘못이며 헛소리입니다.

이러한 논리의 오류를 저지르고 억지로 없는 것을 있다고 생각하고 말한다면, 지고하고 신비한 지혜를 가졌다는 위대한 우 임금조차 이해할 수 없을 텐데, 우리가 뭘 어떻게 할 수 있겠습니까!

상대적인 것은 절대적인 것만 못하다

여기서 우리는 장자의 가장 중요한 논점 그리고 「제물론」을 남곽자기의 말로 시작한 의도를 알게 됩니다. "마음", 정신은 사람을 주재하지만 우리는 살아가면서 오히려 정신을 밤낮으로 외부 사물과 접하게 하여 소모시키고, 동시에 죽음과 소멸로 나아가지요. 우리가 진정으로 배워야 할 것은 정신과 외부 사물을 떨어뜨리고 먼 거리를 유지해 정신이 형체에 끌려다니지 않도록 하는 방법입니다. 그래서 스승을 찾는다면 어떻게든 정신 본연의 모습으로 되돌릴 줄 아는 사람이어야지, 구체적인 이치를 주장하며 옳고 그름을 명확하게 가리는 사람이어서는 안 됩니다. 남곽자기의 의의는 '하늘의 피리 소리'에 대한 이치를 말한 데 있지 않습니다. 그는 "마음까지 꺼진 재가 되게 하는" 경험으로 '하늘'과 '하늘의 피리 소리'를 이해했습니다. 바꾸어 말하면, 이러한 방식의 이해를 통해서 '하늘'과 '하늘의 피리 소리'에 다가가고 그것들을 이해해 인간이 '마음에 스스로 취한 이'로 돌아가는 데 도움을 준 것이지요. 남곽자기의 의의는 여기에 있습니다.

인간의 문제는 정신이 형체를 따르면서, 외부 사물과 접하며 갖가지 자극을 받고 감정을 일으키는 형체에 정신이 끌려가 소모되는 데 있습니다. 그리고 "이루어진 마음"과 '이루어진 마음'이 불러온 옳고 그름은 수많은 감정의 근원이 되지요. 자신의 '이루어진 마음'에 기대어서는 더 이상 우리가 스승을 찾을 길이 없습니다. 따라서 우리는 "마음에 스스로 취한 이"의 상태로 돌아갈 방법을 찾아야만 하지요. 그 가운데 한 가지는 말에서 비롯된 여러 옳고 그름을 판별하고 그 틀을 또렷하게 그려 내는 것입니다.

말은 뱉어 내는 숨이 아니다. 말하는 이는 할 말이 있으나 그 말하는 바는 아직 특별하게 정해지지 않은 것이다. 과연 말은 있는가? 말은 아직 없는 것인가? 그것이 새끼 새 소리와 다르다고 하지만 또한 구별이 있는가? 그 구별이 없는가? 도는 어디에 숨어 있어 진위가 생기는가? 말은 어디에 숨어 있어 시비가 생기는가? 도는 어디로 갔기에 존재하지 않는가? 말은 어디에 존재하기에 옳지 않은가?

夫言非吹也. 言者有言, 其所言者特未定也. 果有言邪? 其未嘗
有言邪? 其以爲異於鷇音, 亦有辯乎? 其無辯乎? 道惡乎隱而有
眞僞? 言惡乎隱而有是非? 道惡乎往而不存? 言惡乎存而不可?

다시 장자가 익숙하게 사용하는 웅변 형식입니다. 먼저 단순명료한 말을 해 놓고 이 화제에 대한 질문을 이어 가지요. 질문은 본디 우리가 평소에는 세심히 살피지 않은 채 인정한 이치를 뒤흔드는 것입니다. 그는 말합니다. "언어, 곧 우리가 하는 말은 단순히 "뱉어 내는 숨"도 대자연의 숨인 바람도 아니다. 말은 의식적이어서 말하는 사람이 아직 정해지지 않은 옳고 그름과 의견을 전하려고 말한다는 차이가 있다."

이 말은 무척 단순하고 합리적입니다. 사람의 말은 물론 바람 소리와 다릅니다. 말하는 사람은 분명히 무엇인가를 표현하기 위해 입을 엽니다. 그가 말을 하기 전에는 그 정보와 의견이 아직 형태를 이루지 못하기에(정해지지 않은 것이지요) 말을 할 필요가 있는 겁니다. 만약 이미 정해져 결론이 있다면 굳이 말할 필요가 없겠지요.

그러나 장자는 곧이어 이렇게 말합니다. "그러나 정말 말이, 말하기가 있는 것인가?(사람이 정말 말을 하고, 말로 의견을 전달하고, 결론을 낼 수 있느냐는 뜻입니다.) 사람의 말은 정말 새의 지저귐과 다른가, 아니면 근본적으로 같은 것인가?("辯"(변)은 "辨"(변)과 같습니다. '분별하다', '구분하다'라는 뜻이지요.) 어떤 힘, 어떤 요소가 "도"道를 감추기에 원래는 완전했던 '도'에 진짜와 거짓이 생기기 시작했는가?(그래서 반드시 말과 말하기로 진짜와 거짓을 주장하고 진짜와 거짓이 "정해지는" 것이지요.) 또 어떤 힘, 어떤 요소가 말과 말하기를 감추기에 말로 인해 옳고 그름이 생기는가? "도"는 도대체 어디로 갔기에 다시는 그 원래 모습으로 있지 않는가?(그리하여 진짜와 거짓이 나타났지요.) 말은 또 어떻게 존재하며, 어째서 정확한 정보와 의견을 표현할 수 없게 되었는가?(혹은 확정할 수 없는 정보와 의견을 전하고 논쟁을 일으키는 데 쓰이게 되었다고 할 수 있겠지요.)"

이러한 어려움과 의혹 가득한 질문에 대해, 웅변하는 장자는 자신의 답을 내놓습니다.

도는 작은 이룸에 감춰지며, 말은 화려함에 감춰진다.

道隱於小成, 言隱於榮華.

"도"를 감추는 것은 선입견과 편견이며, 작은 부분만 보고 전체를 다 아는 듯 여기는 태도입니다. 말을 감추는 것은 갖가지 화려한 수식과 교묘한 화법입니다.

그러므로 유가와 묵가의 시비가 있어 그 그르다고 하는 바를 옳다 하며 옳다고 하는 바를 그르다 한다.

故有儒墨之是非, 以是其所非, 而非其所是.

그래서 유가와 묵가의 논쟁과 같이 옳고 그름을 따지는 일이 있습니다. 이 두 학파는 모두 "작은 이룸"을 얻어 각기 다른 입장에서 화려한 수사를 동원해 서로 대립합니다. 저쪽이 반대하는 것을 이쪽은 지지하고, 저쪽이 찬성하는 것을 이쪽은 틀렸다고 말하지요.

그 그르다고 하는 바를 옳다 하고 그 옳다 하는 바를 그르다고 하려면 밝음을 따름만 한 것이 없다. 사물은 저것이 아님도 없고 사물은 이것이 아님도 없다. 저것으로 말미암으면 보이지 않으나 스스로 알면 그것을 알게 된다.

欲是其所非而非其所是, 則莫若以明. 物無非彼, 物無非是. 自彼
則不見, 自知則知之.

옳고 그름을 제대로 평가하는 기준과 방법을 찾고자 한다
면, 우리는 그들처럼 이런 언어의 상대적인 논쟁에 빠져서는
안 됩니다. 우리는 그들의 불분명함에서 벗어나 맑게 깨어 있
는 방식으로 대상을 바라보아야 합니다.

　무엇이 "밝음"일까요? '이것'과 '저것'이 서로 대응하여 이
루어진다는 사물의 상대성을 알아보는 것입니다. 세상의 모든
것은 '이것' 아니면 '저것'입니다. 나의 관점에서 보면 '이것'인
것이 다른 사람의 관점에서 보면 '저것'이 됩니다. 고정된 '이
것'과 '저것'은 없습니다. '저것'과 '이것'의 가장 큰 차이는 어
디에 있을까요? 우리는 우리 자신을 이해하고 '이것'을 이해할
수 있지만, 그런 식으로 다른 사람을 이해하고 '저것'을 이해할
수는 없습니다.

　그러므로 말한다. 저것은 이것에서 나오고 이것 또한 저것으로
말미암으니, 저것과 이것은 나란히 생겨나는 말이다. 그러나 나
란히 나지만 나란히 죽고, 마주하여 죽지만 마주하여 난다. 마

152

주하여 가하지만 마주하여 불가하며, 마주하여 불가하지만 마주하여 가하다. 옳음으로 인해 그름이 있고, 그름으로 인해 옳음이 있다.

故曰 彼出於是, 是亦因彼, 彼是方生之說也. 雖然, 方生方死, 方死方生. 方可方不可, 方不可方可. 因是因非, 因非因是.

그래서 "저것"을 말하는 것은 "이것"으로부터 오고, 마찬가지로, "저것"이 있어야 비로소 "이것"이 있습니다. "저것"과 "이것"은 입장에 따라, 관점에 따라 만들어지는 주장이며, 동시에 나타날 수밖에 없는 주장입니다. 한쪽이 생겨나면 다른 한쪽도 동시에 생겨나지요. 한쪽이 사라지면 다른 한쪽도 동시에 사라집니다. 한쪽이 가능하면 다른 한쪽은 불가능해집니다. 대립하는 입장은 반드시 동시에 서로 반대되는 판단을 하며 이로써 옳고 그름이 생깁니다. 그래서 옳고 그름도 상대적입니다. 이 "옳음"이 있어야 비로소 저 "그름"이 있고, 저 "그름"이 있어야 비로소 이 "옳음"이 생깁니다. 이것들은 한 묶음의 이치가 양쪽으로 대립한 모습입니다.

이로써 성인은 그를 말미암지 않고 하늘에 비추며 또한 이로 말미암는다. 이것은 또한 저것이며, 저것은 또한 이것이다.

是以聖人不由而照之於天, 亦因是也. 是亦彼也, 彼亦是也.

그래서 성인은 이러한 상대적인 이치에 기대지 않고 "하늘"에 의지합니다. 이는 앞에서 "하늘의 피리 소리"를 해석할 때 두드러졌던 것이기도 하지요. 모든 개체의 밖에서 어떤 개체에도 빠지지 않고 어떤 개별적인 입장에서도 판단하지 않는 것입니다. 이렇게 해서 특수한 이치가 나타나는데 이 이치에는 대립면이 없습니다. "이것"이지만 그와 상대되는 "저것"이 없는 것이지요. "하늘에 비추기에"照之於天 옳은 이치는 "이것"과 "저것"의 구분을 없애고 "이것"을 "저것"이 되도록 하고 "저것"이 "이것"이 되도록 합니다.

이것 또한 한 가지 시비요, 저것 또한 한 가지 시비다. 과연 저것과 이것의 구분은 있는가? 과연 저것과 이것의 구분은 없는가? 저것과 이것이 그 짝을 얻지 못하는 것을 일컬어 도의 지도리라 한다.

此亦一是非, 彼亦一是非. 果且有彼是乎哉? 果且無彼是乎哉?

彼是莫得其偶, 謂之道樞.

옳고 그름이란 모두 저것과 이것의 구별에서 생깁니다. 이쪽 입장에서 하나의 옳고 그름을 지키고 저쪽 입장에서 하나의 옳고 그름을 지킵니다. 여기에 정말 '저것'과 '이것'의 구분이 있을까요? 이쪽도 옳고 그름을 말하고 저쪽도 옳고 그름을 말하므로 이 옳고 그름과 저 옳고 그름은 동등합니다. 그렇다면 '저것'과 '이것'의 차이도 없는 게 아닐까요? '저것'과 '이것'의 대립을 사라지게 하고 '저것'이 상대되는 '이것'을 찾지 못하도록 하며 '이것'이 상대되는 '저것'을 찾지 못하게 하는 것을 "도의 지도리"라 합니다.

왜 "도의 지도리"라고 할까요?

지도리는 먼저 그 회전의 가운데를 얻음으로써 무궁에 대응한다. 옳음 또한 하나의 무궁이며 그름 또한 하나의 무궁이다. 그러므로 말한다. "밝음을 따름만 한 것이 없다."

樞始得其環中, 以應無窮. 是亦一無窮, 非亦一無窮也. 故曰 "莫若以明."

"樞"(추)는 가운데서 사물이 회전할 수 있도록 해 주는 장치로 '문지도리'는 문이 회전할 수 있도록 해 주는 문의 중심축입니다. 그렇다면 "도의 지도리"는 "도"가 회전할 수 있도록 해 주는 중심축을 뜻하겠지요. 어떻게 "도"를 회전하게 할 수 있을까요? 그것은 바로 "회전의 가운데", 다시 말해 원심에 서는 것이죠. 원심은 원의 한가운데이며, 이쪽도 없고 저쪽도 없습니다. 모든 대립하는 입장으로부터 같은 거리에 있지요. 이쪽에 있지 않으며 저쪽에 있지도 않습니다. 중심점에는 "이것"도 없고 "저것"도 없습니다. "저것"과 "이것"이 구분되지 않으므로 "무궁에 대응"할 수 있습니다. 온갖 이것과 저것, 옳음과 그름이 이 점을 둘러싸고 있지만, 이것도 저것도 없고 옳음도 그름도 없으므로 움직이지도 바뀌지도 않습니다. 끝없이 많은 저것과 이것, 옳음과 그름을 움직이지 않고 마주할 수 있으며, 지치지도 소모되지도 않습니다. 앞에서 "밝음을 따름만 한 것이 없다"는 영리하고 맑은 정신으로 흐리터분함에 섞이지 않는 대응 방식을 말합니다. "밝음"은 옳고 그름, 저것과 이것의 상대성을 꿰뚫어보며 상대적이지 않고 절대적인 원점을 찾아내, 그 자리에 굳게 서서 바쁘고 번잡하며 상대적인 저것과 이것, 옳고 그름을 관찰하고 그에 대응합니다.

관점이 곧 편견이다

구분할수록 모호해진다

그렇다면 어떻게 이 원점(도의 지도리)를 찾을 수 있을까요? 이 질문에 대답하기 전에, 장자는 먼저 '명가학파'名家學派와 논리적 논변 방법에 대해 말합니다.

손가락으로 손가락의 손가락 아님을 깨우치는 것은 손가락이 아닌 것으로 손가락의 손가락 아님을 깨우침만 못하다. 말馬로 말의 말 아님을 깨우치는 것은 말이 아닌 것으로 말의 말 아님을 깨우침만 못하다.

以指喻指之非指, 不若以非指喻指之非指也. 以馬喻馬之非馬,不若以非馬喩馬之非馬也.

이 두 문장은 마치 무슨 주문처럼 들립니다. 그러나 만약 중국 고대의 '명가학파' 및 그 내용에 익숙하다면 장자가 무슨 말을 하고자 하는지 어렵지 않게 짐작할 수 있을 것입니다. "손가락"指과 "말"馬은 '명가학파'에서 전통적으로 자주 사용하는 명사이자 비유이기 때문입니다.

'손가락'과 '말'은 사례일 뿐 말하는 바는 같습니다. 우리가 말로 하나의 대상을 가리킬 때, 예를 들어 '말'을 가리킬 때이 명사는 틀림없이 동시에 두 가지 차원의 뜻을 포함합니다. 하나의 차원은 개별적인 말을 가리킵니다. 말 한 필 또는 이 말, 저 흰 말 등 구체적인 대상 말입니다. 그러나 또 다른 차원에서 '말'은 말이라는 동물의 전체 성질을 가리킵니다. 전자는 각각의 구체적인 말 한 마리, 말 몇 마리를 말하지만, 후자는 전체적이고 추상적으로 말이라는 동물 전체를 폭넓게 지시하며, 말이라는 동물이 지닌 '말의 성격'을 일반적으로 가리킵니다.

공손용자公孫龍子의 유명한 논리 "흰 말은 말이 아니다"白馬非馬는 바로 이와 같은 논리학의 언어 구분 속에서 발전되었습니다. 일상적인 생각으로 보면 흰 말은 당연히 말이고, '흰 말'은 '말'이라는 전체에 속하는 하위 분류입니다. 그러나 공손용자는 '말'이라는 전체 분류가 '흰 말'이라는 분류보다 크므로 '흰 말'과 '말'이 같지는 않다고 강조했습니다. 보통 '흰 말은 말이다'白馬是馬라는 문장에서 "是"(시)는 양자의 소속 관계를 가리킵니다. '흰 말은 말의 부류에 속한다'라는 뜻이지요. 공손용자가 말한 "흰 말은 말이 아니다"白馬非馬에서 "非"(비)('不是'(불시)라고 할 수도 있지요)는 동등 관계를 표시합니다. '흰 말이라는 동물 부류는 말이라는 동물 부류와 같지 않다'라는 뜻입니다.

장자가 말한 것은 개별 손가락, 예를 들어 내 손가락이 '손가락'이라는 총칭 명사와 같지 않다는 것입니다. 개별적인 말, 예를 들어 눈앞에서 고개를 수그린 채 풀을 뜯고 있는 저 검은 말이 '말'이라는 총칭과 같지 않다는 것이죠. 만약 사람들에게 총칭과 개별 대상이 서로 다르다는 사실을 이해시키려 한다면 '내 손가락은 '손가락'이 아니다', '이 말은 '말'이 아니다'라고 말하느니 차라리 뒤집어서 '내 손가락이 아닌 손가락도 역시 '손가락'이다', '이 말이 아닌 것도 역시 '말'이다'라고 하는 편이 나을 것입니다.

이는 내 손가락 외의 모든 '이 손가락이 아닌 것' 가운데에도 다른 사람의 손가락이 있고, 그래서 이 또한 '손가락'이며, '손가락'이라는 집합과 달리 교집합을 이룸을 의미합니다. 이 말 외의 모든 '이 말이 아닌 것'에는 다른 말이 포함되어 '말'과 교집합을 이룰 겁니다.

　이 두 가지 설명의 차이는 어디에 있을까요? 후자는 우리에게 '손가락'과 '말'이라는 분류와 구별이 얼마나 터무니없는지 알려 줍니다. 개별과 총체 사이의 논리 형식을 써서, 우리는 쉽게 '손가락이 아니면서 손가락인 것'非指是指, '말이 아니면서 말인 것'非馬是馬이라는 결론에 이를 수 있습니다. 즉 '내 손가락은 아니지만 손가락이 있다', '이 말은 아니지만 말이 있다'라는 뜻이지요. 이렇게 해서 세상은 '손가락이 아닌 것'(내 손가락이 아닌 것)이라는 개념으로 포괄되고, 만물 또한 '말이 아닌 것'(이 말이 아닌 것)이라는 개념으로 포괄됩니다. '손가락이 아니면서 손가락인 것'과 '말이 아니면서 말인 것'이 이처럼 바뀐다면 '천지는 손가락'이고 '만물은 말'이라는 결론이 나오지 않겠습니까?

　그래서 장자는 이렇게 말합니다.

　천지는 손가락 하나이며, 만물은 말 한 마리다.

　天地, 一指也. 萬物, 一馬也.

　이것이 그의 궤변이 다다른 결론이지요. 형식 논리의 추론에 따라 천지와 '손가락'의 구분이 사라지고, 만물과 '말'의 구분도 없어집니다.

> (가능한 것은 가능하고, 불가능한 것은 불가능하다.) 도는 그를 행하여 이루어지고 만물은 그를 일컬어 그러해진다. 어디서 그러해지는가? 그러함으로 그러해진다. 어디서 그러해지지 않는가? 그러하지 않음으로 그러해지지 않는다. 만물은 실로 그러한 바가 있으며, 만물은 실로 가능한 바가 있다. 만물은 그러하지 않음이 없고, 만물은 가능하지 않음이 없다.

> (可乎可, 不可乎不可.) 道行之而成, 物謂之而然. 惡乎然? 然於然. 惡乎不然? 不然於不然. 物固有所然, 物固有所可. 無物不然, 無物不可.

여기서 글의 의미에 따르면 앞에 나온 "가능한 것은 가능하고, 불가능한 것은 불가능하다"라는 문장은 "그러하지 않음으로 그러해지지 않는다"의 뒤에 두어야 더 합리적이고 쉽게 읽힐 것 같습니다.

장자는 이 궤변을 조금 더 밀어붙입니다. 하늘과 땅과 세상 만물은 모두 '도'로 말미암아 이루어지지만, 사람으로 말미암아 이름이 붙고 불리며, 이름이 생기면서 그런 것으로 바뀝니다. 말은 왜 말일까요? 말은 우리가 그것을 말이라 부르기 때문에 말이라 불리고 말이 됩니다. 말은 왜 말이 아닐까요? 우리가 말을 그렇게 부르지 않으면, 말은 더 이상 말이 아니게 됩니다. 이런 관점에서 보자면 "천지는 손가락 하나이며, 만물은 말 한 마리다"라는 문장은 또 다른 차원의 뜻을 지니게 됩니다. 우리가 천지를 '손가락'이라 이름 붙이고 부르면 천지는 '손가락'이 되고, 만물을 '말'이라 이름 붙이고 부르면 만물은 '말'이 됩니다. 이런 관점에서 다시 앞으로 가면 "손가락의 손가락 아님"指之非指과 "말의 말 아님"馬之非馬도 또 다른 차원의 뜻을 지니게 됩니다. 손가락은 '손가락'이라는 이름과 다르며, 말은 '말'이라는 이름과는 다릅니다. 사물은 서로 다른 이름으로 불릴 수 있으며, 이름과 사물은 분리되고 서로 같지 않습니다.

이름은 임의에 따라 주관에 따라 붙어, 그 사물 자체와 어떤 필연적인 관계도 없으므로 언제든 바뀔 수 있습니다. 사물 자체에는 고유한 성질과 이치가 있습니다. 그러나 이름 붙이기와 언어라는 면에서 봤을 때는 필연적인 관계와 한계가 없지요.

이런 방식으로 장자는 언어의 믿을 수 없음을 보여 주며, 나아가 언어에서 비롯된 옳고 그름의 논쟁이 얼마나 의미 없는지, 얼마나 터무니없는지 알게 합니다.

"만물은 실로 그러한 바가 있으며, 만물은 실로 가능한 바가 있다. 만물은 그러하지 않음이 없고, 만물은 가능하지 않음이 없다." 이것이 바로 「제물론」의 핵심입니다. "제물"齊物은 모든 것을 한 가지로 바꾸고, 한 가지로 보는 것이 아닙니다. 우리에게 "만물은 그러하지 않음이 없고, 만물은 가능하지 않음이 없다"라는 이치를 보라고 하지요. 우리가 생각하는 '그렇거나 그렇지 않음', '가능하거나 가능하지 않음'은 종종 "만물은 실로 그러한 바가 있으며, 만물은 실로 가능한 바가 있다"에서 비롯된 것이 아닌, 이름이나 이름 붙이기, 주관적인 규정에 우리 자신이 집착하면서 나온 편견입니다. 이렇게 해서 구별이 생기고, 이렇게 해서 '같지 않음'이 생겨나지요.

그래서 "제물"은 곧 구별과 편견을 꿰뚫어보는 것이며, 주관적인 관점에서는 사실 어떤 사물을 무엇이라 불러도 상관없다는 점을 아는 것입니다. 이런 인위적인 구별과 편견에서 벗어나 "만물은 실로 그러한 바가 있으며, 만물은 실로 가능한 바가 있다"라는 상태로 되돌리는 것입니다. 그러면 각각의 사물에는 나름의 자연스러운 이치가 있고 모두 평등해집니다. 사과에는 사과의 본성이 있고 귤에는 귤의 본성이 있으니, 사과와 귤 각각의 본성을 존중하여 구별 짓거나 비교하지 않으면, 사과와 귤은 '같은' 것이고 평등한 것입니다.

그러므로 작은 풀줄기와 큰 기둥, 문둥이와 서시, 모든 이상하고 괴상한 것이 도에서 통하여 하나가 된다.

故爲是舉莛與楹, 厲與西施, 恢恑憰怪, 道通爲一.

작은 풀줄기와 그대로 가져다 기둥으로 쓸 만한 커다란 나무 기둥, 보통 가장 무시무시하게 생겼다고 하는 "문둥이"와 가장 아름답다고 말하는 "서시" 그리고 가장 극단적인 이상한 모든 것은 절대 함께 섞일 수 없는 듯 보이지만 사실 모두 같은 이치를 가집니다. 즉 모두 '같습니다.' "이상하고 괴상한 것"은 겉으로 나타나는 모습일 뿐 사물 자체가 지니는 이치에서는 모두 서로 통합니다.

그 나눔은 이룸이다. 그 이룸은 이지러짐이다. 무릇 만물은 이룸도 이지러짐도 없으며, 다시 통하여 하나가 된다.

其分也, 成也. 其成也, 毁也. 凡物無成與毁, 復通爲一.

구별이 있기에 비로소 서로 다른 각각의 사물이 존재하게 됩니다. "풀줄기"의 작음과 "기둥"의 큼을 보고 "문둥이"의 추함과 "서시"의 아름다움을 보기에 그러한 것들이 드러나게 됩니다. 그러나 이처럼 구분되어 나타나는 까닭에 사물이 지닌 본연의 성질은 이지러지고 그 본연의 성질이 아닌 기준으로 평가되고 판단됩니다. 우리는 사물이 이처럼 "나뉘고" "이루어지며" "이지러지기" 전, 여전히 자체의 성질을 보유한 단계가 있었음을 이해하고 그 단계를 지향해야만 합니다. 거기서 그것들은 줄곧 하나의 '도'를 따르며 줄곧 '같으며' 평등합니다. 만물은 모두 그 자신이어서 모두 '이것'이나 '저것'으로 갈리지 않지요.

오직 통달한 사람만이 하나로 통함을 알며, 옳다 생각하여 쓰지 않고 예사로움에 맡긴다. 예사로움이란 쓰임이다. 쓰임이란 통함이다. 통함이란 얻음이다.

唯達者知通爲一, 爲是不用而寓諸庸. 庸也者, 用也. 用也者, 通也. 通也者, 得也.

오직 "통달한 사람"만이 천지와 만물의 이치가 서로 통하며 서로 같은 것을 압니다. 그래서 그는 사물의 "쓰임"에 따라 대상을 보지 않습니다. "쓰임"은 외부의 기준으로 가늠하는 것이며 곧 "나눔"이므로 반드시 사물의 본성을 이지러지게 합니다. 그러면 "통달한 사람"은 어떻게 볼까요? "예사로움에 맡깁니다." "庸"(용)은 늘 그러한 것이며 변하지 않는 부분입니다. 통달한 사람은 사물 자체로 돌아가 외부의 주관적인 관점에서 그 부분을 바꾸지 않고 사물 자체에서부터 천지와 만물을 인식합니다. 즉 개성을 존중하는 '제물'의 태도로 세상을 살아갑니다.

"예사로움" 또한 "쓰임"입니다. 그러나 통하는 '쓰임', 공통된 '쓰임'이지요. 개별 사물의 '쓰임'에 대해 어떤 외부의 기준으로도 '쓰임'을 판단하지 않습니다. 사과는 사과나무의 열매로서 '쓰임'이 있는 것이지, 우리의 배를 채우기 위해 '쓰임'이 있는 것이 아닙니다. 이는 예사롭고 늘 그러한 쓰임입니다. 세상의 쓰임이 아닙니다. 만약 사과가 나에게 어떻게 쓰일지를 보고 생각한다면, 나는 '이것'이 되고 사과는 '저것'이 되어 곧 "나눔"이 됩니다. 이 또한 사과 자체의 성질을 이지러지게 만듭니다.

이처럼 예사롭고 늘 그러한 "쓰임"을 파악하고 "통함"을 이해하면 비로소 진정한 "얻음"에 이를 수 있습니다.

얼음에 이르면 거의 도를 이룬 것이므로 이로 인해 그치는데, 그치더라도 그렇게 되는 것을 알지 못하며 이를 도라 일컫는다.

適得而幾矣, 因是已, 已而不知其然, 謂之道.

이러한 "얻음"은 억지로 구할 수 없는 것이며 자연스럽게 "얻음에 이르는" 것입니다. 도는 "예사로움"에서 "쓰임"에 이르러 "통하여" "얻음"으로써 거의 이룬다고 하겠습니다. 이런 경지에 이르면 "통함"의 시야로 살아가게 되지만, 그것이 도대체 무엇인지, 어떻게 왔는지 알 수 없습니다('구하여 얻은 것'이 아니라 자연스럽게 "얻음에 이른" 까닭입니다). 이러한 상태 혹은 경계를 "도"라 일컫습니다.

정신을 수고롭게 하여 하나를 이루고자 하면서도 그 같음을 알지 못하는 것을 조삼이라 한다. 조삼이란 무엇인가? 원숭이를 키우는 노인이 도토리를 주면서 아침에는 셋, 저녁에는 넷을 주겠다고 했더니 원숭이들이 모두 화를 냈다. 그러면 아침에는 넷, 저녁에는 셋을 주겠다고 했더니 원숭이들이 모두 기뻐하였다. 이름과 실질이 이지러지지 않았는데도 기쁨과 화가 쓰임대로 되었으니 또한 이로 인한 것이다.

勞神明爲一, 而不知其同也, 謂之朝三. 何謂朝三? 曰 狙公賦芧,
曰 "朝三而莫四." 衆狙皆怒. 曰 "然則朝四而莫三." 衆狙皆悅.
名實未虧, 而喜怒爲用, 亦因是也.

만약 "얻음에 이르지" 못하고, 그와 같은 "통함"의 시야에 편히 머무르지 못해 정신을 수고롭게 하여 억지로 "하나"를 추구한다면, 진정한 "같음"을 이해하지 못하는 것이며, '제물'의 원칙을 제대로 알지 못하는 것입니다. 단지 통합된 이치를 구하는 것을 "조삼"이라고 부릅니다.

"조삼"이 무슨 뜻일까요? 이는 옛이야기에서 나온 말입니다. 원숭이를 키우는 노인이 원숭이들에게 도토리("芧"(서)를 "芋"(우, 토란)로 보기도 합니다)를 나눠 주려고 하며 원숭이들에게 말했지요. "아침에는 세 되를 주고 저녁에는 네 되를 주마." 원숭이들은 그 말을 듣고 너무 적다는 생각에 무척 화를 냈습니다. 노인은 곧 말을 바꾸었습니다. "그러면 아침에는 네 되, 저녁에는 세 되를 주마." 원숭이들은 듣고 무척 기뻐했지요.

'아침에는 셋, 저녁에 넷'과 '아침에는 넷, 저녁에 셋'은 사실 마찬가지이며 차이가 없습니다. 그러나 원숭이들은 한 가지에는 화를 내고 다른 한 가지에 기뻐했습니다. 그 기쁨과 화는 진정한 "얻음"을 근거로 하는 게 아닙니다. 원숭이들은 더 얻는 것이 아무것도 없습니다. 이는 "정신을 수고롭게 하여 하나를 이루고자 하는" 사람과 같습니다. 그런 사람이 억지로 찾고자 하는 이치는 진정한 "얻음"이 아닌데 기뻐할 일이나 득의양양할 일이 뭐가 있겠습니까? 진정으로 "통함"을 알고 "그 같음을 알며" "얻음에 이르러" 진정으로 "얻음"이 생겨야 비로소 기뻐할 만하지요.

　　이로써 성인은 시비를 조화롭게 하여 자연의 균형에서 쉬는데 이를 일컬어 양행이라 한다.

　　是以聖人和之以是非, 而休乎天鈞, 是之謂兩行.

　　성인은 옳고 그름을 하나로 잘 버무려 자연의 균형을 얻은 까닭에 더 이상 이것이 옳고 저것이 그르다는 분별을 필요로 하지 않습니다. 이렇게 하는 것도, 저렇게 하는 것도 가능하지요. '옳음'은 '그름'일 수 있고 '그름' 또한 '옳음'이 될 수 있습니다. 그래서 "양행"兩行이라 합니다. 두 방향으로 모두 다닐 수 있어야 진정한 "얻음"이지요.

전문적으로 정통한 것은 작은 영리함일 뿐이다

옛사람은 그 앎이 지극한 바가 있었다. 어디에 이르렀는가? 아직 사물이 없다고 여기는 것이니 지극하고 다하여 더할 수가 없다.

古之人, 其知有所至矣. 惡乎至? 有以爲未始有物者, 至矣盡矣, 不可以加矣.

"옛사람"은 이상적인 경지를 나타냅니다. 이상 속에서 인간의 가장 높은 지혜는 어디까지 이를 수 있을까요? 가장 높고 높은 경지까지 이르면, 사람은 모든 사물이 생겨나기 전의 상황을 깨닫고 존재의 구속이 없는 그 상황으로 돌아가 살아갈 수 있습니다. 이보다 더 높은 경지는 없지요. 이 또한 '제물'이며, '제물'이 나타내는 "지극하고 다하여" 더할 수 없는 최고의 지혜라 할 것입니다.

그다음은 사물이 있으나 아직 구별이 없다고 여기는 것이다. 그다음은 구별이 있으나 아직 시비는 없다고 여기는 것이다.

其次以爲有物矣, 而未始有封也. 其次以爲有封焉, 而未始有是
非也.

두 번째로 지혜가 높은 사람의 눈에는 이미 "사물"이 있어
"사물"의 존재에 대해 완전히 의식을 없앨 수 없습니다. 그러
나 그 "사물"은 한데 어우러져 아직 구분되지 않고 이쪽과 저
쪽으로 경계가 나뉘지 않았습니다. 세 번째로 지혜가 높은 사
람에게 "사물"은 이미 구분되고 경계가 나뉘어 하나하나 달라
집니다. 그러나 여전히 그로 인한 판단은 없어서 이것은 옳고
저것은 틀리다고 여기지 않으며, 이것이 더 좋고 저것은 더 나
쁘다고 생각지 않습니다.

시비가 드러나 도가 이지러진다. 도가 이지러져 편애가 이루어
진다.

是非之彰也, 道之所以虧也. 道之所以虧, 愛之所以成.

다음 단계로 내려가면 옳고 그름이 생겨납니다. 일반적인
현실 세계로 내려오는 것이지요. 옳고 그름이 생겨나니 좋고

나쁨과 잘잘못이 나뉘고, 더 이상 "통함"도 "같음"도 없어져 "도"는 훼손됩니다. 더 이상 "통함"도 없고, 더 이상 "같음"도 없이 "도"가 이지러지고 무너진 상황에서 편애와 호오가 생깁니다.

> 과연 이룸과 이지러짐이 있는가? 과연 이룸과 이지러짐이 없는가? 이룸과 이지러짐이 있으면 소문은 거문고를 타고, 이룸과 이지러짐이 없으면 소문은 거문고를 타지 않는다.

> 果且有成與虧乎哉? 果且無成與虧乎哉? 有成與虧, 故昭氏之鼓琴也. 無成與虧, 故昭氏之不鼓琴也.

편애와 호오가 생기고 나면 "도"는 더 이상 완전할 수 없습니다. 편애와 호오가 없어 "도"가 이지러지지 않고 여전히 완전하다면, 이 두 가지에는 어떤 차이가 있을까요? 인문人文의 향유와 성과는 "이룸과 이지러짐이 있음"에서 비롯됩니다. 편애와 호오가 있어야 듣기 좋은 소리와 듣기 싫은 소리도 있게 되고 비로소 음악이 있게 됩니다. 소문昭文과 같이 뛰어난 악사가 나타나 거문고를 타 듣기 좋은 소리를 만들어 낼 수도 있고 그 소리와 다른 소리를 구별할 수 있게 되지요. 만약 편애와 호오가 나뉘기 전, "도"가 이지러지거나 모자라지 않은 상황이라면 모든 소리에는 그 자체의 이치가 있어 어떤 소리가 다른 소리보다 듣기 좋은 것으로 구분되지 않겠지요. 그럼 음악에 쓰일 수 없게 되어, 거문고를 연주해서 소리를 만드는 일은 아무 의미도 없어지고 소문도 거문고를 타려 하지 않겠지요.

소문의 거문고 연주, 사광의 지팡이 장단, 혜시의 탁자에 기대기, 세 사람의 앎은 거의 그 가장 뛰어난 경지이므로 그것을 기록하면 먼 훗날에 이를 것이다.

昭文之鼓琴也, 師曠之枝策也, 惠子之據梧也, 三子之知, 幾乎皆其盛者也, 故載之末年.

"지팡이 장단"은 나무 지팡이로 박자를 맞추는 일을 가리키며, "탁자에 기대기"는 낮은 탁자에 기대 앉아 끊임없이 논쟁을 일삼는 것입니다. 소문의 거문고 연주, 사광師曠(맹인이므로 언제나 지팡이를 가지고 다닙니다)의 장단 두드리기, 혜시의 토론과 논쟁. 이 세 사람은 이 세 가지 일에 특히 재능이 있었고 거의 최고였지요. 그러므로 그 성과는 특별히 기록되어 후대까지 전해집니다.

그저 좋아함이 저들과 달랐다. 그 좋아함으로 그것을 밝히고자 하였다. 저것이 밝은 바가 아닌데 밝히려 하였던 까닭에 견백의 구분이라는 몽매로 끝났다. 그리하여 그 후대 또한 그것을 기록하는 데 그치고 평생토록 이루지 못하였다.

唯其好之也, 以異於彼. 其好之也, 欲以明之. 彼非所明而明之, 故以堅白之昧終. 而其子又以文之綸終, 終身無成.

이 사람이 잘하는 것은 다른 사람이 잘하는 것과 달랐습니다. 자기가 잘하는 것을 더욱 두드러지게 하고자 했습니다. 그러나 편애와 장기를 두드러지게 할수록 도리어 온전한 이치를 보는 "밝음"(앞에서 말한 "밝음을 따름만 한 것이 없다"의 "밝음"입니다)에서는 멀어집니다. 진정한 영리함이 아니라 잔꾀지요. 그래서 작은 이치의 논쟁에 머무르고(혜시를 가리킵니다), 잔재주를 부려 '단단함과 흼'堅白을 나눠 돌멩이의 "단단함"堅과 돌멩이의 "흼"白이라고 말합니다. 하나는 재질이고 다른 하나는 색깔이므로 함께 뒤섞을 수 없는 것인데, 이렇게 말을 계속하다 보면 갈수록 흐리터분해지면서 아무래도 거기서 빠져나올 수 없게 됩니다. 혜시를 계승한 사람은 이와 같은 언어와 문자의 변론과 분석을 계속해 점점 더 세분화했습니다. 마치 천 조각에서 씨줄과 날줄을 하나하나 뽑아내는 것 같은 작업이어서 평생을 다해도 어떤 결과를 맺기 어려웠습니다.

이와 같은 것을 이룸이라 이를 수 있는가? 나 같은 사람이라도 이룸일 것이다. 이와 같은 것은 이룸이라 이를 수 없는가? 만물과 내가 모두 이룸이 없을 것이다. 이런 까닭에 성인은 어지럽히는 빛을 없애고자 하였다.

若是而可謂成乎? 雖我亦成也. 若是而不可謂成乎? 物與我無成也. 是故滑疑之耀, 聖人之所圖也.

세상 사람들은 이와 같이 특별한 편애와 장기를 성과라고 봅니다. 이를 성과라고 할 수 있다면, 누군들 편애가 없겠으며 누군들 성과가 없겠습니까? 거문고를 연주하고 지팡이를 두들겨 장단을 맞추고 말을 하면서 논쟁을 하는 장기를 성과라 할 수 없다면, 이 세상에는 또한 성과라고 말할 만한 일이 없을 것입니다. 사실 성과라는 것은 필요하지 않습니다. "만물"과 "나"의 존재가 뒤섞여 구별이 없으면 편애나 정통함도 없고 선입견도 없어 성과도 존재하지 않습니다. 그래서 성인은 특정한 방향의 성과를 추구하지 않을 뿐 아니라, 역설적이거나 신기하거나 황당무계한 방식으로 세상 사람들을 자극해 의심을 품게 하고, "이룸"이나 편애를 깨뜨려 "이룸도 이지러짐도 없는" 상태로 되돌리고자 합니다. "滑"(골)은 원래 역설, 아닌 것 같으면서도 맞는 말을 가리킵니다. "疑"(의)와 대비되지요. "疑"(의)는 맞는 것 같으면서도 아닌 것이기에 사람들의 의심을 불러일으키는 말을 가리킵니다. 두 가지가 합쳐지면 원래는 당연하게 생각했던 일이 더 이상 당연하지 않게 됩니다.

> 옳다 생각하여 쓰지 않고 예사로움에 머물게 하므로, 이를 밝음에 따른다고 한다.

> 爲是不用而寓諸庸, 此之謂以明.

이처럼 지성과 노력으로 거둔 성과를 포기하고, 편애와 전문적인 정통함이 가져오는 "쓰임"을 포기한 채 모든 것을 예사롭고 일상적인 삶 속에 받아들이는 것이 바로 "밝음을 따름만 한 것이 없다"라는 이치입니다.

지금 또 말이 여기에 있는데, 그것이 이와 같은지, 이와 같지 않

은지 알 수 없다. 같음과 같지 않음이 서로 더불어 같음이 되면
저것과 더불어 다를 것이 없다.

今且有言於此, 不知其與是類乎? 其與是不類乎? 類與不類, 相
與爲類, 則與彼無以異矣.

어떤 주장이나 의견을 들으면 우리는 보통 이런 주장이나
의견이 우리가 믿는 이치와 비슷하거나 맞는지 혹은 그 반대
인지 묻거나 판단하려 합니다. 그러나 만약 우리가 반응하는
방식을 바꿔 자신이 믿는 이치와 믿지 않는 이치를 하나로 묶
어 커다란 "같음"(옳음과 그름, 좋음과 나쁨, 맞음과 틀림, 상
반되는 모든 것을 한곳에 나란히 둘 수 있습니다. 이 역시 앞
에서 말한 "양행"입니다)을 만들고 더욱 커다란 이치로 만든
다면, 우리가 들은 그 주장이나 그 의견이 무엇이든 이 커다란
"같음", 이 커다란 이치 안에 품을 수 있습니다.

이 또한 장자가 당시의 '명가학파' 수법을 활용한 웅변입
니다. A라는 이치가 있고 또 B라는 이치가 있는데 A와 B 사이
에 교집합이 있는지 없는지 우리는 모릅니다. 그러나 만약 'A
에 A가 아닌 것을 더한' 집합을 새로운 이치로 정하면, 우리의
의심과 무지는 사라지게 됩니다. 우리는 논리적으로 다음과

같은 사실을 백 퍼센트 확신할 수 있겠지요. B가 무엇이든 간에 B는 틀림없이 'A에 A가 아닌 것을 더한' 이 커다란 같음에 속할 것이며, 'A에 A가 아닌 것을 더한' 이 커다란 집합과 교집합을 가질 것입니다.

장자는 우리에게 이런 이치를 계속해서 들려줍니다.

비록 그러하더라도 그것을 이야기해 보자. 처음이 있다면, 아직 처음이 있기 전도 있을 것이고, 아직 처음이 있기 전이 있기 전도 있을 것이다. 있음이 있다면, 없음도 있을 것이고, 아직 없음이 있기 전도 있고, 아직 없음이 있기 전이 있기 전도 있을 것이다.

雖然, 請嘗言之. 有始也者, 有未始有始也者, 有未始有夫未始有始也者. 有有也者, 有無也者, 有未始有無也者, 有未始有夫未始有無也者.

'시작과 내력이 있음'이 하나의 이치[A]이고, '시작과 내력이 없음'이 또 하나의 이치[A가 아닌 것]라고 해 봅시다. 이런 식으로 밀고 나가면, 우리는 '시작과 내력이 있다' 혹은 '시작과 내력이 없다'를 아직 구분하지 않는 이치[A가 아니면서 A가 아닌 것이 아닌 것]를 끌어낼 수 있습니다. 이는 동시에 '시작과 내력이 있다'와 '시작과 내력이 없다'라는 두 가지 이치를 모두 포함하는 이치 이기도 하지요[A이면서 A가 아닌 것]. '있음'이 한 가지 이치[A]이고, '없음'이 또 다른 이치[A가 아닌 것]라고 합시다. 이를 진전시키면, 우리는 아직 '있음'과 '없음'이 구분하지 않은 어떤 이치[A가 아니면서 A가 아닌 것이 아닌 것]까지 나아갈 수 있으며, 동시에 '있음'과 '없음'을 포함할 수도 있습니다[A이면서 A가 아닌 것]. 여기에 그치지 않고 계속해 나가면, '있음과 없음을 구분함'['A이면서 A가 아닌 것'이 아닌 것]과 '아직 있음과 없음을 구분하지 않음'[A이면서 A가 아닌 것]보다 더 큰 이치['A이면서 A가 아닌 것'이자 'A이면서 A가 아닌 것'이 아닌 것]를 포괄하게 됩니다.

이러한 포함 관계는 끝없이 소급되어 앞에서 나온 추론의 정正과 반反 두 가지 집합을 합쳐 커다란 집합을 새롭게 형성할 수 있습니다. 그리하여 우리는 바로 이 단락의 말이 앞에 말한 "어지럽히는 빛"임을 알게 됩니다. 장자는 여기에서 아닌 것 같으면서도 맞고 맞는 것 같으면서도 아닌 논리 추론을 세워, 안정되고 분명한 상식에서 멀어져 의심하고 혼란스러워하도록 우리를 몰아붙입니다.

갑자기 있음과 없음이 있으나 있음과 없음의 결과로 무엇이 있

음이고 무엇이 없음인지 아직 알지 못한다. 지금 내가 이미 말
했으나 내가 말한 그 결과가 있다고 말한 것인가, 그 결과가 없
다고 말한 것인가 아직 알지 못한다.

俄而有無矣, 而未知有無之果孰有孰無也. 今我則已有謂矣, 而
未知吾所謂之其果有謂乎? 其果無謂乎?

있음과 없음에 대해 한 겹 한 겹 쌓아 가는 이러한 논증 가
운데서, 사람은 "있음"에 대한 자신의 주장이 그 겹겹이 쌓인
집합의 어느 층, 어느 부분에 있다고 확신할 수 있을까요? 'A'
는 어쩌면 'A가 아니면서 A가 아닌 것이 아닌 것'의 집합에서
'A가 아닌 것이 아닌 것'의 반명제 형식으로 나타날지 모릅니
다. 반드시 정명제로 등장할 필요는 없지요. 더욱이 'A'가 '[A
이면서 A가 아닌 것]이자 [A이면서 A가 아닌 것]이 아닌 것'
처럼 더 큰 집합 속에서 나타날지 모르는데, 이 집합 속에서 A
가 정명제인지 반명제인지 어떻게 알 수 있을지는 말하고 말
것도 없습니다. 내가 지금 주장하는 '있음'이 사실 '없음'일지
어떻게 알겠습니까?

천하에 가을 터럭보다 큰 것은 없으므로 태산은 작다. 태어나

자마자 죽는 것보다 장수하는 것은 없으므로 팽조는 요절한 것이다.

天下莫大於秋豪之末, 而大山爲小. 莫壽乎殤子, 而彭祖爲夭.

있음과 없음, 정면과 반면은 서로 다른 집합 가운데서 다르거나 상반되는 의미를 갖습니다. 이렇게 본다면 우리가 생각하는 크고 작음, 길고 짧음은 모두 있음과 없음의 경우와 마찬가지로 고정된 의미를 잃게 되지요. 그래서 우리는 이렇게 주장해 볼 수 있습니다. "가을날 날짐승의 몸에 새로 돋는 솜털보다 큰 것이 없는 법이니 태산泰山이 도리어 작다. 태어나자마자 목숨을 잃은 갓난아이보다 오래 사는 것은 없으니 팽조와 같은 신선은 도리어 너무 일찍 죽었다."

천지는 나와 더불어 태어나고 만물은 나와 더불어 하나가 된다. 이미 하나가 되었는데 또한 말이 있을 수 있는가? 이미 그것을 하나라고 일컬었는데 또한 말이 없을 수 있는가? 하나와 말은 둘이 되고, 둘과 하나는 셋이 되니, 이렇게 계속 나아가면 셈에 뛰어난 이라도 답을 얻을 수 없을 것인데, 하물며 평범한 사람이야 어찌하겠는가!

天地與我並生, 而萬物與我爲一. 旣已爲一矣, 且得有言乎? 旣已謂之一矣, 且得無言乎? 一與言爲二, 二與一爲三, 自此以往, 巧曆不能得, 而況其凡乎!

그래서 이처럼 "어지럽히는 빛"의 논리에 따라 장자는 "천지는 나와 더불어 태어나고 만물은 나와 더불어 하나가 된다"라는 결론을 얻게 됩니다. 겹겹이 포괄하는 집합 속에서 정면과 반면은 뒤섞여 사라지며 구분은 설 자리가 없어집니다. 시간의 길고 짧음에 대한 절대적인 구분이 없어지므로 나와 천지는 함께 길게 이어지고, 사물 각각의 구분이 사라지므로 모든 만물은 나와 뒤섞여 하나가 됩니다.

나중에 사람들은 "천지는 나와 더불어 태어나고 만물은 나와 더불어 하나가 된다"라는 이 구절을 즐겨 인용하게 되었습니다. 그러나 대체로 이 구절의 의미를 주관적인 유심주의의 감상과 상상으로만 받아들일 뿐, 장자의 원래 의도가 전혀 그렇지 않다고는 이해하지 못했습니다. '명가학파'의 섬세한 형식 논리의 사고가 사라짐으로써 중국이 치른 대가 가운데 하나가 이것입니다. 1,000년에서 2,000년간, 나아가 지금까지도 수없이 많은 사람이 이렇게 장자를 오해하고 오용하면서도 그 사실을 알지 못하며, 절대 다수의 사람들이 장자의 이 구절을 얼렁뚱땅 마음대로 해석합니다.

　장자는 이어서 말합니다. "만물은 나와 더불어 하나가 되었고, 모든 것은 뒤섞여 구분이 사라졌다. 그러니 또 무슨 말을 더 할 것인가!" 그러나 '만물은 나와 더불어 하나가 되었다'라는 말도 역시 말입니다. '만물은 나와 더불어 하나가 되었다'라고 말한 이상, 그것은 진정한 의미에서 "하나 됨"은 아니게 됩니다. '만물은 나와 더불어 하나가 되었다'라는 이치를 스스로 깨닫고 있으므로 "그치더라도 그렇게 되는 것을 알지 못하는" 상태가 아니며, "만물은 나와 더불어 하나가 되었다"라는 진정한 뒤섞임과 나뉘어 '하나'가 아닌 '둘'이 됩니다. '만물은 나와 더불어 하나가 된다'라는 말은 '만물은 나와 더불어 하나가 된다'라는 자각과 분석에서 시작되어, '나'와 '만물'을 나눕니다. 여기에 '만물은 나와 더불어 하나가 된다'라는 자각 관념을 더하면 '셋'이 되지요. 이처럼 계속 늘려 나가면, 셈을 잘하는 사람이라 할지라도 답을 구할 수 없을 텐데, 보통 사람이야 오죽하겠습니까.

　그러므로 없음에서 나와 있음으로 가는 데도 셋에 이르니, 하물며 있음에서 나와 있음으로 가면 어떻겠는가! 어디로 감도 없이, 이로써 그칠 따름이다.

故自無適有, 以至於三, 而況自有適有乎! 無適焉, 因是已.

없음에서 있음에 이르러, 그저 "만물은 나와 더불어 하나가 되었다"라고만 말했을 뿐인데 금세 셋으로 불어나다니, 얼마나 무서운 일입니까! 그렇다면 원래부터 '있음' 또는 존재의 구분에서는 더 많이 구분되는 '있음'으로 늘어날 것입니다. '제물'齊物은 그리 쉽지 않습니다. 진정한 '제물'은 구분하지 않고 분석하지 않음에 머무르고 그 원점에서 어디로도 가지 않아야만 합니다.

'도'에는 옳고 그름이 따로 없다

청나라 말 중화민국 초기의 학자 차오서우쿤曹受坤은 『장자내편주』莊子內篇注에서 이렇게 주장했습니다. "「제물론」의 본문을 마치고 나면 그 뒤는 조항의 열거에 지나지 않으며 상술한 내용을 설명한다." 이런 관점은 일리가 있습니다. 어쨌거나 장자 자신도 이미 '말'에 대해, 해석이나 설명에 대해 경고한 바 있지요. 자신의 글에서 말했듯 "이로써 그칠 따름입니다."

「제물론」 뒤쪽의 글은 기본적으로 '제물'을 세우고 그 안에서 '제물'의 관점으로 우리에게 익숙한 이치를 검증하고 정리합니다. 예를 들어 "시비가 드러나 도가 이지러진다. 도가 이지러져 편애가 이루어진다"라는 논리에 따르면, 어떤 사물이 겉으로 드러나는 것은 사실 그 본성의 파괴라고 할 만합니다.

큰 도는 이름 부를 수 없으며, 큰 바룸은 말로 할 수 없는 것이다. 큰 인자는 인자하지 않으며 큰 겸양은 겸손하게 굴지 않고 큰 용기는 해치지 않는다. 도가 비추면 도가 아니며, 말이 바룸을 내세우면 경지에 이르지 못한 것이다. 인자가 변함없다면 이루어지지 않은 것이고, 겸양이 맑다고 하는 것은 미덥지 않은 것이며, 용기가 해친다고 하는 것은 이루지 못한 것이다.

大道不稱, 大辯不言, 大仁不仁, 大廉不嗛, 大勇不忮. 道昭而不道, 言辯而不及, 仁常而不成, 廉淸而不信, 勇忮而不成.

도가 일단 사람들 앞에 모습을 드러낸다면, 이는 더 이상 모두를 하나로 아우르는 근원적인 "도"라고 할 수 없을 것입니다. 진정한 이치는 교묘한 말로 전달할 수 없는 것이지요. 진정한 자애는 어디에나 두루 펼쳐지기에 특정한 방향에서 나타나지 않습니다. 진정한 "겸양"은 일상의 삶 속에 존재하므로 굳이 따로 드러내 "맑음"을 과시할 필요가 없지요. 마찬가지로 진정한 "용기"는 사람들에게 극단적으로 강한 모습이나 두려워하지 않는 모습을 보일 필요가 없습니다.

"큰 도는 이름 부를 수 없다"라는 말은 『노자』의 제1장 첫머리에 나오는 "도를 도라고 할 수 있는 것은 변함없는 도가 아니다"道可道, 非常道와 같습니다. "큰 인자는 인자하지 않다"라는 말도 『노자』에 "성인은 인자하지 않으니, 만물을 짚으로 만든 개와 같이 여긴다"聖人不仁, 以萬物爲芻狗라는 말로 실려 있습니다. 여기에서 우리는 『노자』의 논리 근거를 찾을 수 있습니다. 『노자』에서는 이 역설(보았지만 본 것이 아니고 드러난 것은 진실이 아닌)의 원칙을 인간 세상에서 사는 방식으로 돌려 사상의 핵심을 이룹니다.

그 밖에 여기서 우리는 장자의 모순 그리고 그가 웅변이라는 방식을 활용한 또 다른 의도를 알 수 있습니다. "큰 바름은 말로 할 수 없는 것이다." 만약 진심으로 이렇게 믿고 있었다면, 아무 말도 하지 말았어야 합니다. 장자 자신의 글을 쓰지 말았어야 하지요. 그런데도 그는 말하고자 했습니다. 그러나 그는 논쟁하거나 설명하는 '행위'와 논쟁하거나 설명하고자 하는 '이치' 사이에 근본적인 모순과 갈등이 있다는 점을 분명히 알고 확신하며 말합니다. 그래서 그는 한편으로 이야기를 하면서 다른 한편으로 더 높은 차원으로 올라가 자신이 한 말과 할 수 있는 말에 질문을 던집니다. 갖가지 웅변 기술을 쓰면서, 그는 우리를 이해시키고 믿게 하려 할 뿐 아니라, 동시에 이 웅변 기술이라는 것이 의지할 수 없고 믿을 수 없다는 사실을 일깨우려고 합니다. 현대의 논리 언어로 설명하건대, 장자의 글은 끊임없이 첫 번째 진술로부터 멀어지며, 두 번째 진술은 첫 번째 진술에서 쓰인 언어와 이치를 '메타'meta 검증하지요.

이는 또한 『장자』에 갖가지 우언이 가득 차 있는 이유를 부분적으로 설명합니다. 우언은 사실이 아니라 원래부터 믿을 수 없는 이야기지만, 우리의 인식 방향을 깨우쳐 주거나 암시할 수 있습니다. '물고기를 잡고 나면 통발을 잊는다'得魚忘筌라는 말이 있지요. 우언이란 우리가 너무도 익숙하게 잘 알고 있는 통발입니다. 물고기를 잡고 나면 통발은 한쪽에 치워 둘 수 있지요. 일반적인 논리와 문자는 언어와 이치를 쉽게 뒤섞어서 사람들로 하여금 여차하면 통발을 물고기로 여기고 통발에 집착하다 물고기를 놓치게 합니다.

「제물론」의 뒷부분에서 장자는 매우 흥미롭고 탁월한 우언을 이용해 이러한 일반 지식의 한계를 지적합니다. 우리는 그저 우리 자신의 주관을 통해서만 무엇인가를 느끼고 받아들이며 이해합니다. 그러나 우리 각자의 주관이라는 것은 언제나 변화하고 움직이기 마련인데, 언제 어떤 상황 아래의 주관이 진실하며 미더운지 어떻게 알 수 있을까요? 더욱이 서로 다른 생물과 서로 다른 주관이 이토록 많은 이 세계에서 무엇을 근거로 자기의 주관적인 감상과 이해가 진실하고 미더운지 알까요?

우리는 사람들이 습기가 심한 환경에서 오래 살면 쉽게 류머티즘에 걸리게 된다는 사실을 압니다. 그러나 물고기는 평생 어느 때고 습한 곳에 머물며 더 습기가 많은 물속에서 사는데도 아무런 문제가 없지요. 우리는 높은 곳에 올라가면 무서워서 온몸을 떱니다. 그러나 원숭이는 땅에서 아주 멀리 떨어진 나뭇가지 사이를 자유롭게 날아다니지요. 사람, 물고기, 원숭이, 이 가운데서 누가 선택한 거주 환경이 '정답'일까요?

사람은 곡식과 고기를 먹고 사슴은 풀을 먹으며 지네는 작은 뱀을 먹고 부엉이는 쥐를 잡아먹습니다. 누가 선택한 먹이가 가장 '정답'일까요? 우리가 가장 아름답다고 생각하는 미녀를 보면 물고기는 깊은 물속으로 숨을 것이고 새는 다급하게 높은 하늘로 날아갈 것이며 사슴은 다리야 날 살려라 하며 달아날 것입니다. 누가 진정한 '아름다움'을 아는 걸까요?

　우리는 모두 죽음을 두려워합니다. 죽음을 가장 큰 슬픔으로 보지요. 그러나 죽음이 어떤 것인지 진정으로 아는 사람이 누가 있습니까? 만약 죽은 뒤 사후 생활이 살았을 때 생활보다 훨씬 좋다는 사실을 알게 되면 우리는 살아 있었을 때 정말 바보였구나, 어째서 빨리 죽을 생각을 하지 못했던 말인가 하면서 한탄을 금치 못할 것입니다.

　일상의 삶에서 꿈이란 바로 이런 것이 아니겠습니까? 꿈속에서 기분 좋게 술을 마셨는데 깨고 보니 슬프고 괴로운 일만 잔뜩 눈앞에 놓여 있습니다. 꿈속에서는 흐느껴 울다가 잠이 깼는데 잠에서 깨어나서는 기분 좋게 사냥을 하러 나가기도 합니다. 꿈속에서 다시 꿈을 꾸는 경우도 있지요. 우리는 어느 때 진정으로 자신의 주관이 꿈이 아니라 현실이라고 장담할 수 있을까요? 꿈을 꾸고 있을 때, 우리는 꿈속의 모든 것을 진실이라고 여기지 않던가요?

　그래서 「제물론」의 말미에는 지금까지 오래도록 전해 내려오는 신비하고 심오한 우언이 실려 있습니다.

　옛날 장주가 꿈에 나비가 되었다. 하늘하늘 나는 나비라 제 뜻대로 간다고 기꺼워하며 자신이 장주임을 알지 못했다. 갑자기 꿈에서 깨니 엄연한 장주였다. 장주가 꿈에 나비가 된 것인지, 나비가 꿈에 장주가 된 것인지 알지 못할 일이다. 장주와 나비 사이에 반드시 구분이 있는 것, 이를 사물이 됨物化이라 일컫는다.

昔者莊周夢爲胡蝶, 栩栩然胡蝶也, 自喩適志與, 不知周也. 俄然覺, 則蘧蘧然周也. 不知周之夢爲胡蝶與, 胡蝶之夢爲周與? 周與胡蝶, 則必有分矣, 此之謂物化.

역자 후기 · 어디에도 없는 곳을 거니는 법

쓸데없이 큰 나무가 있다. 이 나무는 쓸모가 없기 때문에 길가에 서 있어도 아무도 쳐다보지 않는다. 그래서 보통 사람들이 생각하는 이상으로 이 나무는 지나치게 웃자라 버렸다. '장자의 좋은 친구' 혜시는 이 큰 나무의 비유를 통해 장자가 제시하는 학설을 부정하고자 한다. "지금 그대의 말도 크기만 하지 쓸모가 없어서 사람들이 마찬가지로 지나칠 걸세." 이러한 도발에 장자는 왜 그 나무를 "아무것도 없는 곳"에 심어두고 "아무 일 없이 그 곁을 오가고, 마음대로 노닐"고자 하지 않는지 반문한다. 장자 철학의 최고 경지로 손꼽히는 '무하유'無何有와 '소요유'逍遙遊가 등장하는 장면이다.

장자는 왜 아무것도 없는 곳에서 아무 일 없이 노니는 경
지를 이야기했을까?

사람들은 유토피아를 꿈꾼다.

어려운 시대를 사는 사람일수록 그 열망은 한층 더 강렬
할 것이다. 장자는 전국 시대 중기를 살았던 인물이다. 전국은
제후가 왕을 죽이고 가신이 제후를 죽이는 하극상이 난무하며,
큰 나라가 작은 나라를 집어삼키는 데 아무런 거리낌도 없이
실리를 추구하는 약육강식과 적자생존의 시대였다. 사람들이
옳다고 믿었던 도덕과 윤리가 무너졌으며 새롭게 믿고 의지할
만한 어떤 질서나 원칙도 찾지 못한 아노미의 시대이기도 했
다. 이러한 시대를 살아가기란 결코 쉬운 일이 아니다. 그래서
사람들은 더더욱 다가갈 수 없는 이상향을 추구하게 된다. 이
것이 삶의 역설이다.

양자오는 이 책에서 세 단계로 나누어 장자를 해명한다.
춘추전국 시대의 다른 사상가들과 눈에 띄게 다른 장자의 독

보적 관점, 장자 사상의 특이성 그리고 장자가 추구했던 사상의 지향.

세계의 고대 문명 가운데서도 중국은 가장 먼저 '인문'에 대한 지향을 시작한 문명으로 손꼽힌다. 공자가 숭상했던 문왕과 주공의 덕은 결국 인문적 질서에 다름 아니다. 양자오는 여기서 장광즈를 인용해 이 인간 중심의 사고가 '불연속 세계관'에 기초하고 있다는 점을 지적한다. 그러나 장자는 이 세상의 상식과 달리 '연속된 세계관'에 기초한 사상가였다. 아니, 상식적인 세계관-불연속 세계관과 자신이 기초한 세계관-연속된 세계관의 차이를 명확하게 인식한 사상가였다고 하는 편이 옳겠다. 그래서 그는 세상의 잣대에 연연하지 않고, 현상 이면에 존재하는 세계의 원리를 파악할 수 있었다. 장자는 두 세계관의 경계에서 자신이 파악한 진리를 설명하지 않는다. 사람들이 진리를 경험하도록 '경계'로 이끄는 데 방점을 둔다. 그가 사용하는 다양한 우언은 바로 이러한 경계의 시각, 상대성의 원리를 '경험'하는 데 유용하다. 상대성 원리의 경험은 물리적인 힘의 제한을 받지 않는 '절대'의 관점, '경계'의 깨달음으로 가는 지름길인 셈이다. 이것이 장자의 '절대'가 지니는 참뜻이다.

저자는 가장 쉬운 말로 장자를 해명하지만, 책의 내용은 갈수록 어려워진다. 장자의 현상 너머의 '절대'를 지향하기 위해 신화적인 알레고리를 사용하는데, 이는 '이것'을 말하면서 '저것'을 가리키는 방식이기 때문이다. 그러나 이 책은 '이것'을 말하기 위해 '저것'을 가리키는 방식과 더불어, 동시에 '이것'이 추구하는 '저것'을 해명하고자 한다. 해명하기 어려운 것을 해명하는 일은 원래 이렇게 어렵다.

고대 중국인들은 이처럼 해명하기 어려운 것을 해명하기 위해 종종 '있지만 없는'烏有, '진리를 거짓으로 말하는 스승'子虛 등 허구의 인물을 창조하곤 했다. 이 이름들은 모두 동시에 존재할 수 없는 '역설'逆說을 의미한다. 장자가 말하는 '무엇이든 있지만 아무것도 없는'無何有 경지 또한 이와 같은 신화적 알레고리라 할 수 있다. '무하유'는 사실 어디에도 존재하지 않는다.

'무하유'뿐 아니라 우리가 꿈꾸는 이상향은 모두 그렇다. 원래 유토피아라는 말 자체가 '없다'_{ou}와 '장소'_{toppos}의 합성어이다.

"행복의 나라 하나도 없었어. 고통뿐이었어. 울고 살 수 밖에 없어. 나도 계속 울고 살잖아. 태어날 때부터 저주받았어, 우리는. 웃고 살 수가 없어. 그래서 자꾸 행복의 나라니 기쁨이니 평화니 사랑이니, 그런 걸 자꾸 찾는 거라고." 우리가 저주받은 운명을 벗어날 수 없기 때문에 되레 행복을 찾는 거라고, 우리 시대의 어느 시인은 노래했다. "광야는 넓어요. 하늘은 또 푸르러요. 다들 행복의 나라로 갑시다." 어디에도 존재하지 않기에, 사실 유토피아는 '역설적으로' 어디에나 존재한다. 실리적인 효용을 추구하는 것은 세상의 잣대이다. 세상의 잣대를 부여잡고 있을 때, 인간은 자신에게 주어진 저주받은 운명을 피할 방법이 없다. 세상은 언제나 어지럽고, 삶은 언제나 팍팍하기 때문이다. 그래서 인간은 '실리적인 효용'만이 아니라 '삶의 의미'를 추구한다. 그래서 장자는 말한다. 단 한 번만이라도 이 '세상의 잣대'를 내려놓고, 모든 것을 바라볼 수 있는 '절대'

의 눈으로 세상을 보라고 말이다.

　이 책에서 저자가 설명하는 것은 사실 '장자'가 아니라 '장자를 읽는 법'이다. '장자를 즐기는 법'이라 해도 좋다. 실리적인 효용을 떠올릴 때, 장자는 쓸데없이 너무 큰, 너무 커서 쓸모가 없는 나무이다. 그래서 장자는 '아무것도 없는 들판', 모든 것이 있지만 아무것도 없고, 어디에나 있지만 어디에도 없는 들판에 심어야 한다. 그 나무 아래서, 오늘은 앉든 서든 드러눕든, 마음껏 노닐어 보면 어떨까!

　2015년 11월 14일

장자를 읽다 :
쓸모없음의 쓸모를 생각하는 법

2015년 11월 24일 초판 1쇄 발행

지은이	**옮긴이**
양자오	문현선

펴낸이	**펴낸곳**	**등록**
조성웅	도서출판 유유	제406-2010-000032호(2010년 4월 2일)

주소
경기도 파주시 책향기로 337, 308-403 (우편번호 10884)

전화	**팩스**	**홈페이지**	**전자우편**
070·8701·4800	0303·3444·4645	uupress.co.kr	uupress@gmail.com

페이스북	**트위터**
www.facebook.com/uupress	www.twitter.com/uu_press

편집	**디자인**
이경민	이기준

제작	**인쇄**	**제책**
제이오	(주)재원프린팅	(주)정문바인텍

ISBN 979-11-85152-40-0 04150
　　　979-11-85152-02-8 (세트)

이 도서의 국립중앙도서관 출판시도서목록(CIP)은 서지정보유통지원시스템
홈페이지(seoji.nl.go.kr)와 국가자료공동목록시스템(www.nl.go.kr/kolisnet)에서
이용하실 수 있습니다.(CIP제어번호: CIP2015029774)

유유 출간 목록

1 **단단한 공부** 윌리엄 암스트롱 지음. 윤지산 윤태준 옮김 12,000원
2 **삼국지를 읽다** 여사면 지음. 정병윤 옮김 13,000원
3 **내가 사랑한 여자** 공선옥 김미월 지음 12,000원
4 **위로하는 정신** 슈테판 츠바이크 지음. 안인희 옮김 10,000원
5 **야만의 시대, 지식인의 길** 류창 지음. 이영구 외 옮김 16,000원
6 **열린 인문학 강의** 윌리엄 앨런 닐슨 엮음. 김영범 옮김 16,000원
7 **중국, 묻고 답하다** 제프리 와서스트롬 지음. 박민호 옮김 15,000원
8 **공부하는 삶** 앙토냉 질베르 세르티양주 지음. 이재만 옮김 15,000원
9 **부모 인문학** 리 보틴스 지음. 김영선 옮김 15,000원
10 **인문세계지도** 댄 스미스 지음. 이재만 옮김 18,500원
11 **동양의 생각지도** 릴리 애덤스 벡 지음. 윤태준 옮김 18,000원
12 **명문가의 격** 홍순도 지음 15,000원
13 **종의 기원을 읽다** 양자오 지음. 류방승 옮김 12,000원
14 **꿈의 해석을 읽다** 양자오 지음. 문현선 옮김 12,000원
15 **1일1구** 김영수 지음 18,000원
16 **공부책** 조지 스웨인 지음. 윤태준 옮김 9,000원
17 **번역자를 위한 우리말 공부** 이강룡 지음 12,000원
18 **평생공부 가이드** 모티머 애들러 지음. 이재만 옮김 14,000원
19 **엔지니어의 인문학 수업** 새뮤얼 플러먼 지음. 김명남 옮김 16,000원
20 **공부하는 엄마들** 김혜은 홍미영 강은미 지음 12,000원
21 **같이의 가치를 짓다** 김정헌 외 지음 15,000원
22 **자본론을 읽다** 양자오 지음. 김태성 옮김 12,000원
23 **단단한 독서** 에밀 파게 지음. 최성웅 옮김 12,000원
24 **사기를 읽다** 김영수 지음 12,000원
25 **하루 한자공부** 이인호 지음 16,000원
26 **고양이의 서재** 장샤오위안 지음. 이경민 옮김 12,000원
27 **단단한 과학 공부** 류중랑 지음. 김택규 옮김 12,000원
28 **공부해서 남 주다** 대니얼 플린 지음. 윤태준 옮김 12,000원
29 **동사의 맛** 김정선 지음 12,000원
30 **단단한 사회 공부** 류중랑 지음. 문현선 옮김 12,000원
31 **논어를 읽다** 양자오 지음. 김택규 옮김 10,000원
32 **노자를 읽다** 양자오 지음. 정병윤 옮김 9,000원
33 **책 먹는 법** 김이경 지음 10,000원
34 **박물관 보는 법** 황윤 글. 손광산 그림 9,000원
35 **논픽션 쓰기** 잭 하트 지음. 정세라 옮김 17,000원

공부

공부의 기초

공부하는 삶
배우고 익히는 사람에게 필요한 모든 지식

앙토냉 질베르 세르티양주 지음, 이재만 옮김

공부 의욕을 북돋는 잠언서. 프랑스는
물론이고 영미권에서는 지금까지도
이 책을 공부의 길잡이로 삼아 귀중한
영감과 통찰력, 용기를 얻었다고
고백하는 독자가 적지 않다.
지성인의 정신 자세와 조건, 방법에
대해 알뜰하게 정리한 프랑스의
수도사 세르티양주는 공부가 삶의
중심이며 지성인은 공부를 위해
삶 자체를 규율해야 한다고 말한다.

공부책
**하버드 학생들도 몰랐던 천재 교수의
단순한 공부 원리**

조지 스웨인 지음, 윤태준 옮김

공부를 지식의 암기가 아닌 지식의
활용이라는 관점에서 보고 그런
공부를 하도록 안내하는 책. 학생의
자주성만큼이나 선생의 역할이
중요함을 강조한 저자는 이 책에서
기본적으로 선생과 학생이 있는
교육을 중심에 두고 공부법을
설명한다. 단순하고 표준적인 방법을
확고하고 분명한 어조로 말한 책으로,
그저 지식만 습득하는 공부가 아닌
삶의 기초와 기조를 든든하게 챙길
공부를 원하는 사람이라면 일독해야
할 책이다.

평생공부 가이드
**브리태니커 편집장이 완성한 교양인의
평생학습 지도**

모티머 애들러 지음, 이재만 옮김

인간의 학식 전반을 개관하는
종합적 교양인이 되기를 원하며
거기에서 지혜를 얻으려는 사람을
위한 안내서. 미국의 저명한
철학자이자 전설적인 브리태니커
편집장이었던 저자는 평생공부의
개념마저 한 단계 뛰어넘어,
인간으로서 이룰 수 있는 수준 높은
교양의 경지인 르네상스인이
되고자 하는 이들을 위해 인류가
이제까지 쌓아 온 지식을 제대로
파악할 수 있는 지도를 완성했다.
이제 이 지도를 가지고 진정한 인문학
공부 여행을 떠나도록 하자.

단단한 시리즈

단단한 공부
내 삶의 기초를 다지는 인문학 공부법
윌리엄 암스트롱 지음, 윤지산 윤태준 옮김

듣는 법, 도구를 사용하는 법, 어휘를 늘리는 법, 생각을 정리하는 법 등 효율적인 공부법을 실속 있게 정리한 작지만 단단한 책. 원서의 제목 'Study is Hard Work'에서도 짐작되듯 편하게 익히는 공부법이 아니라 고되게 노력하여 배우는 알짜배기 공부법이므로, 이 책을 따라 익히면 공부의 기본기를 제대로 닦을 수 있다.

단단한 독서
내 삶의 기초를 다지는 근본적 읽기의 기술
에밀 파게 지음, 최성웅 옮김

KBS 'TV, 책을 보다' 방영 도서. 프랑스인이 100년간 읽어 온 독서법의 고전. 젊은 번역가가 새롭게 번역한 이 책을 통해 이제 한국 독자도 온전한 번역본으로 파게의 글을 읽을 수 있다. 프랑스는 물론이고 유럽 각국의 교양인이 지금까지도 에밀 파게의 책을 읽는 이유는 이 책에 아무리 오랜 세월이 흘러도 변치 않는 근본적인 독서의 기술이 알뜰살뜰 담겨 있기 때문이다. 파게가 말하는 독서법의 요체는 '느리게 읽기'와 '거듭 읽기'다. 파게에게 느리게 읽기는 제일의 독서 원리이며, 모든 독서에 보편적으로 적용된다.

단단한 과학 공부
내 삶의 기초를 다지는 자연과학 교양
류중랑 지음, 김택규 옮김

박학다식한 노학자가 과학의 다양한 분야를 이해하기 쉽게 설명한 안내서. 작게는 우리 몸 세포의 움직임이 우리의 마음에 어떻게 반응하는지부터 크게는 저 우주의 은하와 별의 거리까지, 우리를 둘러싼 세상을 과학의 눈으로 바라보게 한다. 곳곳에 스며든 인간적 시선과 통찰, 유머가 읽는 즐거움을 더한다.

단단한 사회 공부
내 삶의 기초를 다지는 사회과학 교양
류중랑 지음, 문현선 옮김

우리가 상식으로 알고 있는 사회 현상을 근본부터 다시 짚어 보게 하는 책. 일상생활에서 자주 접하는 일화들을 알기 쉽게 설명해 과거와 현재 그리고 미래에 일어났고 일어나고 있고 일어날 일을 스스로 생각하고 판단하게 한다. 역사의 흐름을 한 축으로, 이성을 기반으로 하는 과학 정신을 다른 한 축으로 하는 이 책은 사회를 보는 안목을 높인다.

단단한 사회공부
내 삶의 기초를 다지는 사회과학 교양

공부하는 사람 시리즈

공부하는 엄마들
인문학 초보 주부들을 위한 공부 길잡이
김혜은, 홍미영, 강은미 지음

공부하고 싶지만 어떻게 하면 좋을지
알지 못하는 엄마들을 위한 책.
인문 공동체에 용감하게 뛰어들어
처음부터 하나하나 시작한 세 주부의
글로 꾸며졌다. 자신의 이야기부터
비슷한 경험을 한 다른 주부와 나눈
대화, 여기에 도움이 될 만한 도서
목록, 공부하는 사람과 함께할 수
있는 인문학 공동체의 목록까지 책
말미에 더해 알차게 담아냈다.

우리말 공부 시리즈

번역자를 위한 우리말 공부
한국어를 잘 이해하고 제대로 표현하는 법
이강룡 지음

외국어 실력을 키우는 번역 교재가
아니라 좋은 글을 판별하고 훌륭한
한국어 표현을 구사하는 태도를 길러
주는 문장 교재. 기술 문서만 다루다
보니 한국어 어휘 선택이나 문장 감각이
무뎌진 것 같다고 느끼는 현직 번역자,
외국어 구사 능력에 비해 한국어
표현력이 부족하다 여기는 통역사,
이제 막 번역이라는 세계에 발을 디딘
초보 번역자 그리고 수많은 번역서를
검토하고 원고의 질을 판단해야 하는
외서 편집자가 이 책의 독자다.

동사의 맛
교정의 숙수가 알뜰살뜰 차려 낸 우리말
움직씨 밥상
김정선 지음

20년 넘도록 문장을 만져 온 전문
교정자의 우리말 동사 설명서.
헷갈리는 동사를 짝지어 고운 말과 깊은
사고로 풀어내고 거기에 다시 이야기를
더해 재미있게 읽을 수 있도록 했다.
일반 독자라면 책 속 이야기를 통해
즐겁게 동사를 익힐 수 있을 것이고,
우리말을 다루는 사람이라면 사전처럼
요긴하게 쓸 수 있을 것이다.

동양고전강의 시리즈

삼국지를 읽다
중국 사학계의 거목 여사면의 문학고전
고쳐 읽기
여사면 지음, 정병윤 옮김

중국 근대사학계의 거목이 대중을
위해 쓴 역사교양서. 이 책은 조조에
대한 새로운 관점을 처음 드러낸
다시 읽기의 고전으로, 자기 자신의
눈으로 문학과 역사를 보아야
한다고 역설하는 노학자의 진중함이
글 곳곳에 깊이 새겨져 있다.

사기를 읽다
중국과 사마천을 공부하는 법
김영수 지음

28년째 『사기』와 그 저자 사마천을
연구해 온 『사기』 전문가의 『사기』
입문서. 강의를 모은 책이라 쉽고
재미있게 읽을 수 있다. 지금까지
중국을 130여 차례 답사하며 역사의
현장을 일일이 확인하고, 그 경험을
바탕으로 연구한 전문가의 강의답게
현장감 넘치는 일화와 생생한 지식이
가득하다. 『사기』에 관심이 있는
독자라면 남녀노소 누구나 어렵지
않게 읽을 수 있는 교양서.

논어를 읽다
공자와 그의 말을 공부하는 법
양자오 지음, 김택규 옮김

『논어』를 역사의 맥락에 놓고 텍스트
자체에 집중해, 최고의 스승 공자와
그의 언행을 새롭게 조명한 책.
타이완의 인문학자 양자오는 『논어』
읽기를 통해 『논어』라는 텍스트의
의미, 공자라는 위대한 인물이
춘추 시대에 구현한 역사 의미와
모순을 살펴보고, 공자라는 인물을
간결하고도 분명한 어조로 조형해
낸다. 주나라의 봉건제로 돌아가기를
꿈꾸면서도 신분제에 어긋나는
가르침을 펼친 인물, 자식보다
제자들을 더 아껴 예를 어겨 가며
사랑을 베풀었던 인물, 무엇보다
사람이 사람다워야 함을 역설했던
큰 인물의 형상이 오롯하게 드러난다.

노자를 읽다
전쟁의 시대에서 끌어낸 생존의 지혜
양자오 지음, 정병윤 옮김

신비에 싸여 다가가기 어렵다고
여겨지는 고전 『노자』를 문자 그대로
읽고 사색함으로써 좀 더 본질에
다가가고자 시도한 책. 양자오는
『노자』를 둘러싼 베일을 거둬 내고
본문의 단어와 문장 자체에 집중한다.
그렇게 하여 『노자』가 나온 시기를
새롭게 점검하고, 거기서 끌어낸
결론을 바탕으로 『노자』가 고대
중국의 주류가 아닌 비주류 문화인
개인주의적 은자 문화에서 나온
책이라고 주장한다. 더불어 『노자』의
간결한 문장은 전쟁을 종결하고
백성을 편하게 하고자 군주에게
직접 던지는 말이며, 난무하는
제자백가의 주장 속에서 살아남기
위한 전략이라고 말한다.

서양고전강의 시리즈

종의 기원을 읽다
고전을 원전으로 읽기 위한 첫걸음
양자오 지음, 류방승 옮김

고전 원전 독해를 위한 기초체력을
키워 주는 서양고전강의 시리즈
첫 책. 인간과 자연의 관계를
변화시킨 『종의 기원』에 대한 새로운
해설서다. 저자는 섣불리 책을
정의하거나 설명하지 않고 책의
역사적, 지성사적 맥락을 흥미롭게
들려줌으로써 독자들을 고전으로
이끄는 연결고리가 된다.

꿈의 해석을 읽다
프로이트를 읽기 위한 첫걸음
양자오 지음, 문현선 옮김

인간과 인간 자아의 관계를 바꾼
『꿈의 해석』에 관한 교양서. 19세기
말 유럽의 독특한 분위기, 억압과
퇴폐가 어우러지며 낭만주의가
극에 달했던 그 시기를 프로이트를
설명하는 배경으로 삼는다. 또한
프로이트가 주장한 욕망과 광기
등이 이후 전 세계 문화와 예술에
미친 영향을 들여다보며 현재의
우리에게는 어떤 의미인지 점검한다.

자본론을 읽다
마르크스와 자본을 공부하는 이유
양자오 지음, 김태성 옮김

인간과 사회의 관계를 바꾼
『자본론』에 관한 교양서. 마르크스
경제학과 철학의 탄생, 진행 과정과
결과에 이르기까지 역사의 맥락과
기초 개념을 짚어 가며 『자본론』의
핵심 내용을 간결하고 정확한
시각으로 해설한 책. 타이완에서
자란 교양인이 동서양의 시대 상황과
지적 배경을 살펴 가면서 썼기에
비슷한 역사 경험을 가진 한국인의
피부에 와 닿는 내용이 가득하다.

중국

야만의 시대, 지식인의 길
중국사 지성의 상징 죽림칠현,
절대 난세에 답하다
류창 지음, 이영구 외 옮김

중국 중앙방송 '백가강단'에서 절찬리
방영된 역사 교양강의.
동아시아 지식인의 원형, 죽림칠현의
파란만장한 인생을 유려하게 풀어낸
수작. 문화와 예술 방면에서는
화려하고도 풍부한 열정이
가득했으나 정치적으로는 권력으로
인한 폭력과 압박으로 처참했던 위진
시기. 입신하여 이름을 떨치느냐
은둔하여 자유를 추구하느냐의
갈림길에서 유교와 도교를 아우른
지식인의 고뇌가 깊어진다. 뛰어난
재능과 개성으로 주목받았던 일곱
지식인. 그들의 고민과 선택, 그로
인한 다채로운 삶은 독자에게 현재의
자리를 돌아보고 앞으로 나아갈 길을
다시 생각하게 한다.

중국, 묻고 답하다
미국이 바라본 라이벌 중국의 핵심 이슈 108
제프리 와서스트롬 지음, 박민호 옮김

108개의 문답 형식으로 중국의 교양을
간결하게 정리한 이 책은 중국을 왜
그리고 어떻게 이해해야 하는지 알고자
하는 독자에게 유익하다. 술술 읽히는
이야기를 따라가다 보면 과거의 중국에
대한 정보부터 오늘날 중국에서 가장
중요한 인물과 사건까지 한눈에
파악된다. 교양인이 반드시 알아야 할
내용으로 가득한 미국 중국학 전문가의
명저.

명문가의 격
고귀하고 명예로운 삶을 추구한
중국 11대 가문의 DNA
홍순도 지음

중국을 이끈 명문가 열한 가문을
엄선해 그들이 명문가로 자리 잡을 수
있었던 근원과 조상의 정신을 이어받은
후손의 노력을 파헤친 중국전문가의
역작. 3년간의 자료 조사와 현지
취재로 생생한 역사와 현장감이
느껴진다. 동아시아의 큰 스승 공자
가문부터 현대 중국을 있게 한 모택동
가문에 이르기까지, 역사 곳곳에 살아
숨 쉬는 가문의 일화와 그 후손이 보여
주는 저력은 가치 있는 삶과 품격이
무엇인지 생각하게 한다.

열린 인문학 강의

전 세계 교양인이 100년간 읽어 온
하버드 고전 수업

윌리엄 앨런 닐슨 엮음, 김영범 옮김

'하버드 고전'은 유사 이래로
19세기까지의 인류의 지적 유산을
담은 위대한 고전을 정선한
시리즈로서 인류의 위대한 관찰과
기록, 사상을 담고 있다. 이 책은
하버드 고전을 읽기 위한 안내서로
기획되었으며 하버드를 대표하는
교수진이 인문학 고전과 대표 인물을
망라하여 풍부한 내용을 정제된
언어로 소개한다.

부모인문학

교양 있는 아이로 키우는 2,500년 전통의
고전공부법

리 보틴스 지음, 김영선 옮김

문법, 논리학, 수사학을 가르치는
서양의 전통 교육은 아이에게
인문학적 소양을 갖추게 하는 좋은
공부법이다. 모든 교육의 목적은 결국
새로운 정보를 저장하고(문법), 처리
검색하며(논리학), 표현하는(수사학)
능력을 키우는 것인데, 이 책에는
아이가 성인이 되어 자립적으로
살아갈 수 있는 키워 주는
고전공부법이 담겼다. 저자는
이 고전공부법을 소개하고 이를 현대
상황에 맞게 적용하는 법을 솜씨 있게
정리했다.

동양의 생각지도
어느 서양 인문학자가 읽은 동양 사유의 고갱이
릴리 애덤스 벡 지음, 윤태준 옮김

동서양 문화의 교류, 융합의 추구가 인류를 아름다운 미래로 이끄는 중요한 토대가 된다는 믿음을 바탕으로, 저자가 동양 여러 나라의 정신을 이루는 철학과 사상을 오랜 시간 탐사하고 답사한 결과물. 기본적으로 동양에 대해 철저히 무지한, 또는 그릇된 선입견을 가진 서양의 일반 독자를 위한 안내서이지만 서양이라는 타자를 통해 우리 자신이 속한 동양을 새로운 시각으로 되돌아보는 좋은 기회를 얻을 수 있다.

인문세계지도
지금의 세계를 움직이는 핵심 트렌드 45
댄 스미스 지음, 이재만 옮김

지구의 인류가 살아가는 데 가장 큰 영향을 미치는 핵심 이슈와 트렌드를 전 세계적 범위에서 체계적이고 시각적으로 정리한 책. 전 세계의 최신 정보와 도표를 첨단 그래픽으로 표현하였고, 부와 불평등, 전쟁과 평화, 민주주의와 인권, 인류의 건강, 지구의 환경이라는 다섯 가지 주요 쟁점을 인류 전체의 진보라는 관점에서 다룬다. 다양한 이미지에 짧고 핵심적인 텍스트가 곁들여지므로 전 세계를 시야에 품고 공부하고자 하는 이들이 곁에 두고 참고하기에 좋다.

엔지니어의 인문학 수업
르네상스인을 꿈꾸는 공학도를 위한
필수교양

새뮤얼 플러먼 지음, 김명남 옮김

엔지니어의 눈으로 보고 정리한,
엔지니어를 위한 인문 교양 안내서.
물론 보통의 독자에게도 매력적이다.
엔지니어의 눈으로 본 인문학의
각 분야는 참신하고 유쾌하다.
엔지니어 특유의 군더더기 없는
문장으로 아직 인문학 전반에 낯선
독자에게나 인문학에 거리감을
느끼는 엔지니어에게 추천할 수 있는
좋은 책이다.

같이의 가치를 짓다
청년 스타트업 우주 WOOZOO의 한국형
세어하우스 창업 이야기

세어하우스 우주 WOOZOO

김정헌, 계현철, 이정호, 조성신, 박형수 지음

'세어하우스'라는 대안 주거를
구현한 젊은 기업 우주woozoo의
창업부터 지금까지의 이야기를
담은 책. 현실의 주거 문제, 하고 싶은
일을 실천하려는 힘과 도전 정신,
가족이라는 문제, 공유 의식, 청년
문제 등 여러 가지 관점에서 다양하게
생각할 거리를 던져 준다. 무엇보다
그 모든 것을 아우르는 젊고 유쾌한
에너지가 책 전체에 넘쳐 독자를
즐겁게 한다.

공부해서 남 주다
대중과 교양을 나누어 성공한 지식인들의
남다른 삶

대니얼 풀린 지음, 윤태준 옮김

지식이 권력인 사회에서, 대중과
지식을 나누어 성공한 지식인들의
남다른 삶을 다룬 책. 이들은
일반적인 교육의 혜택을 받지 못하고
스스로 노력해 얻은 지식을 대중과
함께하고자 했고, 그 노력은 수많은
이를 역사, 철학, 문학, 경제학의
세계로 이끌었다. 지식의 보급과
독점이 사회에서 각각 어떤 영향을
끼치는지, 어떤 미래를 만드는지
생각하도록 한다.

하루에 한 지식

1일1구
내 삶에 힘이 되는 고전명언 365

김영수 지음

하루에 한 구절씩 맛보는 고전의
풍미. 마르지 않는 지혜의 샘.
고전에는 과거와 현재와 미래를
관통하는 선현의 지혜가 담겼다.
그러나 이 오래된 지혜를 요즘의
독자가 문화와 역사를 단숨에
뛰어넘어 이해하기는 쉽지 않다.
중국 고전 학자이자 『사기』 전문가인
저자가 중국의 300여 고전 중에서
명구를 엄선하여 독자가 부담 없이
읽어 볼 수 있도록 소개했다. 원문을
함께 실려 있어 고전의 또 다른
맛과 멋을 느낄 수 있다.

하루 한자 공부
**내 삶에 지혜와 통찰을 주는
교양한자 365**

이인호 지음

하루에 한 자씩 한자를 공부할 수
있는 책. 한자의 뿌리를 해설한
여러 고전 문헌과 여러 중국학자의
연구 성과를 두루 훑어 하루에
한자 한 자씩을 한자의 근본부터
배울 수 있도록 한다. 무조건
암기하기보다는 한자의 기초부터
공부하도록 해 한자에 대한
기초체력을 키우는 데 중점을 둔
책으로, 하루 한 글자씩 익히다 보면
어느새 한자에 대한 자신감이 붙을
것이다.

책의 책

고양이의 서재
어느 중국 책벌레의 읽는 삶, 쓰는 삶, 만드는 삶

장샤오위안 지음, 이경민 옮김

중국 고전과 인문서를 꾸준히 읽어 착실한 인문 소양을 갖춘 중국의 과학사학자이자 천문학자의 독서 편력기. 학문, 독서, 번역, 편집, 서재, 서평 등을 아우르는 책 생태계에서 살아온 그의 삶에는 책을 좋아하는 사람의 모든 것이 담겨 있다. 과학과 인문학을 오가는 그의 문제의식과 중국 현대사 속에서 살아가는 개인의 관점 역시 놓칠 수 없는 대목이다.

사람

내가 사랑한 여자
공선옥 김미월 지음

소설가 공선옥과 김미월이 그들이 사랑하고, 사랑하기에 모든 이들과 함께 이야기를 나누고 싶은 여자들에 대해 쓴 산문 모음. 시대를 앞서 나갔던 김추자나 허난설헌 같은 이부터 자신의 시대에서 눈을 돌리지 않았던 케테 콜비츠나 한나 아렌트에 이르기까지, 세상 그 누구보다 인간답게 여자답게 살아갔던 이들을 사랑하는 마음을 담아 찬사했다. 더불어 여자가, 삶이, 시대가 무엇인지 돌아보게 하는 아름다운 책이다.

위로하는 정신
체념과 물러섬의 대가 몽테뉴

슈테판 츠바이크 지음, 안인희 옮김

세계적 전기 작가 슈테판 츠바이크가 쓴 몽테뉴 평전. 츠바이크의 마지막 작품이기도 하다. 츠바이크는 세계 대전과 프랑스 내전이라는 광란의 시대를 공유한 몽테뉴를 통해 자신의 이야기를 한다. 자기 자신이 되고자 끝없이 물러나며 노력했던 몽테뉴. 전쟁을 피해 다른 나라로 갔지만 결국 안식을 얻지 못한 츠바이크. 두 사람의 모습에서 혼란한 시대를 살아가는 사람의 자세를 사색하게 된다.

땅콩
문고

책 먹는 법

든든한 내면을 만드는 독서 레시피

김이경 지음

저자, 번역자, 편집자, 논술 교사,
독서 모임 강사 등 텍스트와
관련한 여러 가지 일을 오래도록
섭렵하면서 단련된 독서가 저자
김이경이 텍스트 읽는 법을
총망라하였다. 읽기 시작하는 법,
질문하면서 읽는 법, 있는 그대로
읽는 법, 다독법, 정독법, 여럿이
함께 읽는 법, 어려운 책 읽는 법,
쓰면서 읽는 법, 소리 내어 읽는 법,
아이와 함께 읽는 법, 문학 읽는 법,
고전 읽는 법 등 여러 가지 상황과
처지에 맞게 책을 접하는 방법을
자신의 인생 갈피갈피에서 겪은
체험과 함께 소개한다.

박물관 보는 법

보이지 않는 것을 보는 감상자의 안목

황윤 글, 손광산 그림

박물관을 제대로 알고 감상하기
위한 책. 소장 역사학자이자 박물관
마니아인 저자가 오래도록 직접
발품을 팔아 수집한 자료와 직접
현장을 누비면서 본인이 듣고 보고
느낀 내용을 흥미로운 스토리텔링
방식으로 집필했다. 우리 근대
박물관사의 흐름을 한눈에 꿰게 할 뿐
아니라 그 흐름을 만들어 간 사람들의
흥미로운 사연과 앞으로 문화
전시 공간으로서 박물관이 나아갈
바람직한 방향까지 가늠하게 해 준다.
일제 치하에서 왜곡된 방식으로
근대를 맞게 된 우리 박물관의 역사도
이제 100여 년이 되었다. 박물관을
설립하는 데 관여한 사람들과 영향을
준 사건들을 살피다 보면 유물의
소장과 보관의 관점에서 파란만장한
우리 근대 100년사를 일별할 수 있다.
또한 공간의 관점에서도 단순히
유물과 예술품을 전시하는 건물로만
여겼던 박물관이 색다르게 다가온다.
보이지 않던 박물관의 면모가 보이고
이를 통해 박물관을 관람하는 새로운
시야가 열린다.

논픽션 쓰기
퓰리처상 심사위원이 말하는 탄탄한 구조를 갖춘 글 쓰는 법

잭 하트 지음, 정세라 옮김

세상에서 가장 힘 있는 글쓰기,
논픽션 쓰는 법. 저자는 허구가 아닌
사실에 기반을 둔, 예술 창작물보다는
삶의 미학화를 지향하는 글쓰기를
어떻게 하면 좋을지를 자신의 오랜
경험을 바탕으로 구체적인 사례와
모범적인 글을 통해 차분히 정리했다.
저자 잭 하트는 미국 북서부 최대의
유력 일간지 『오레고니언』에서
25년간 편집장으로 일하며 퓰리처상
수상자를 다수 길러 낸 글쓰기
코치다.
구조 잡는 법부터 윤리 문제까지,
논픽션 쓰기의 구체적 노하우를
총망라했다. 저자는 단순히
육하원칙에 따른 사건의 기록이
아니라 인물이 있고, 갈등이 있고,
장면이 있는 이야기, 이 모든 것이
없더라도 독자의 마음을 훔칠 만한
주제가 있는 이야기를 어떻게 써야
하는지, 신문·잡지·책에 실린 글을
예로 들어 독자가 이해하기 쉽게
설명한다. 이 밖에도 신문 기사,
르포, 수필 등 논픽션의 모든 장르를
아우르며 글쓰기 실전 기술을
전수한다.